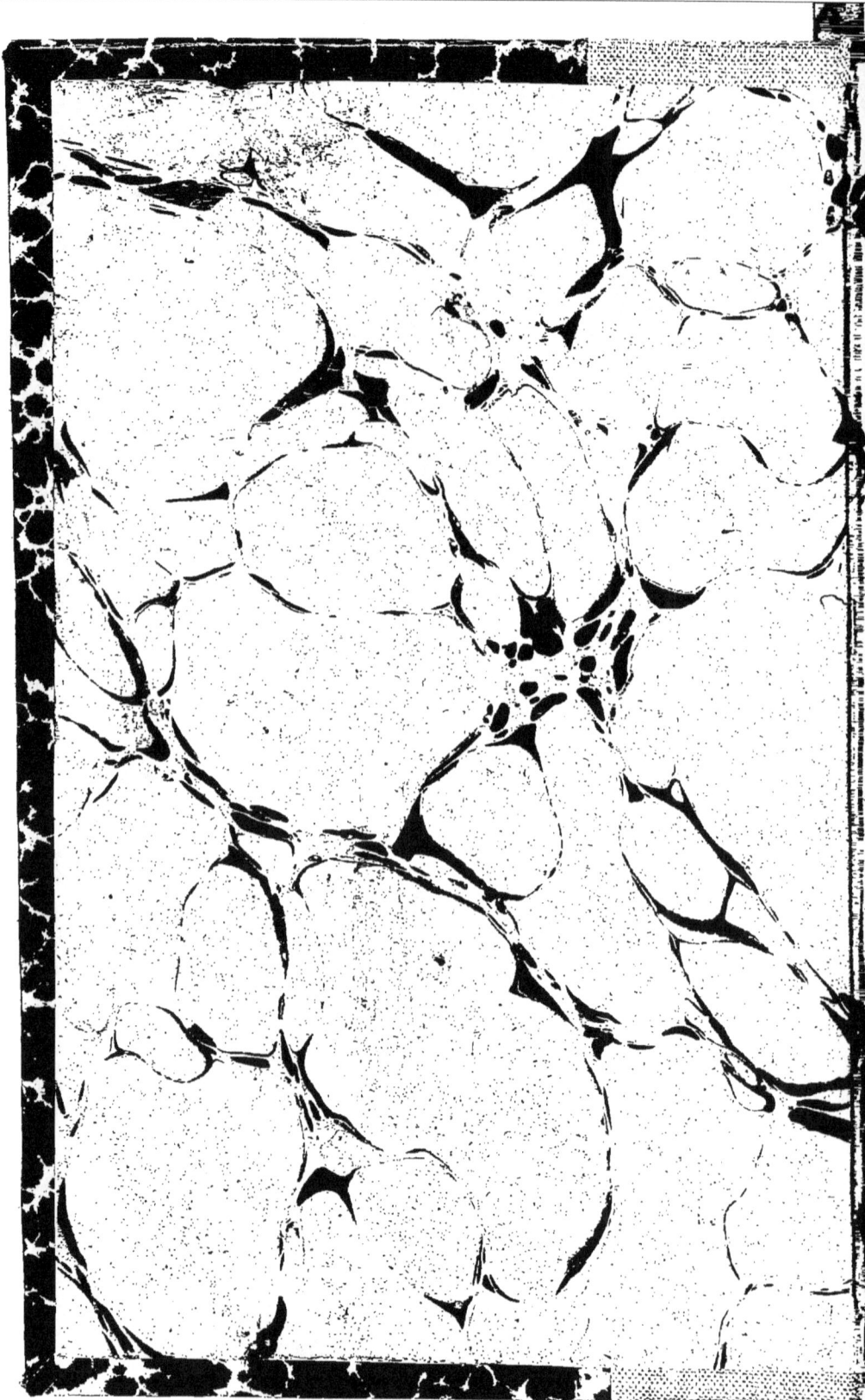

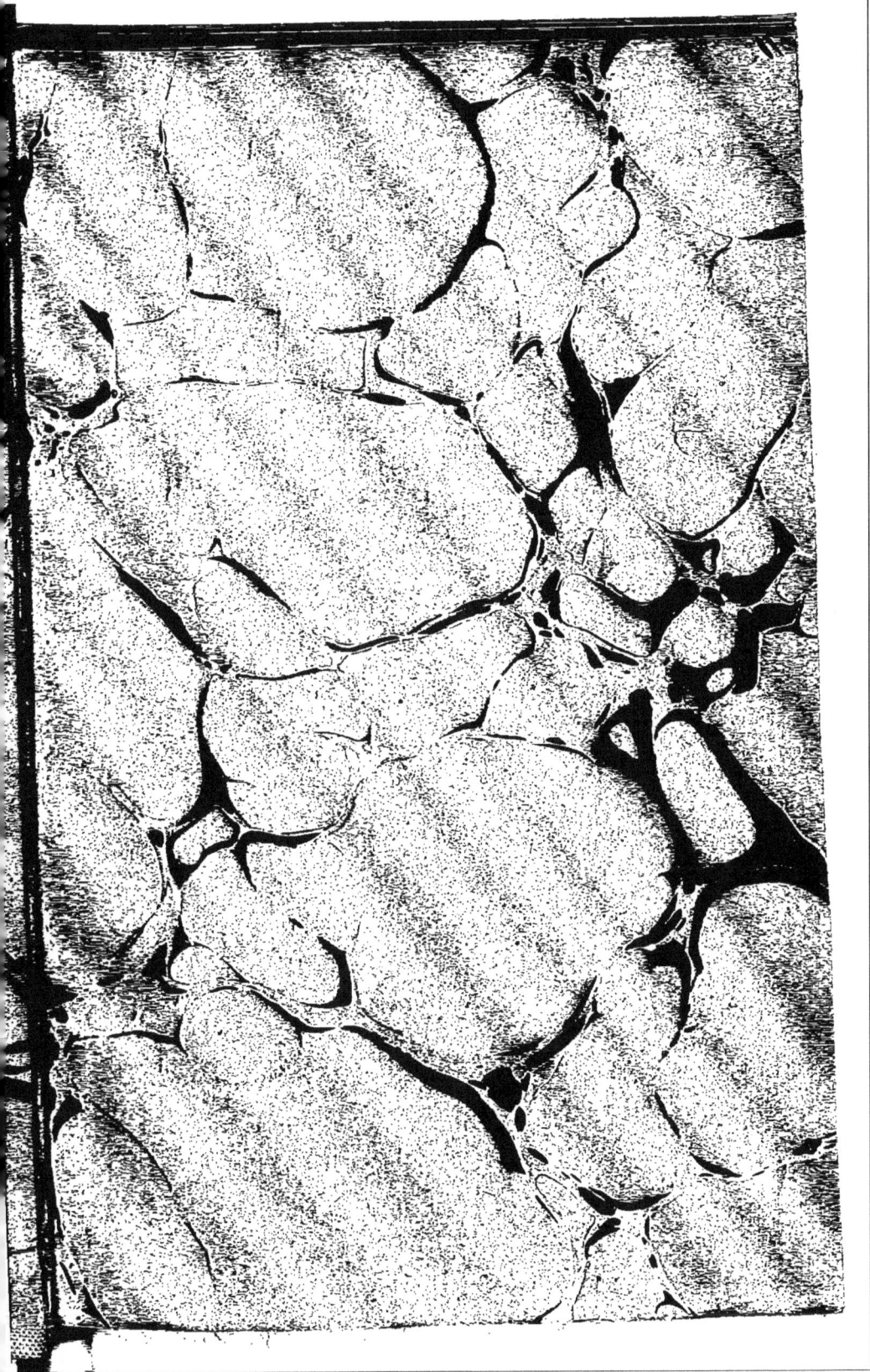

J. BOULANGER

HISTOIRE
DES
SAINTES PUELLES

ET DE LEUR CULTE

PAR

L'ABBÉ ÉMILE ROUS.

> « Le culte des Saints, qui est un des grands
> « besoins de la piété dans tous les temps,
> « demande surtout à être ranimé au temps
> « présent. »
> (D. Guéranger, cité par Mgr Pie. Œuvres,
> tom. ii, p. 67.)

Ce livre se vend au profit de la Chapelle des Saintes.

PERPIGNAN
TYPOGRAPHIE DE CHARLES LATROBE
Rue des Trois-Rois, 1.

1876

30

HISTOIRE

DES

SAINTES PUELLES ET DE LEUR CULTE

27

30442

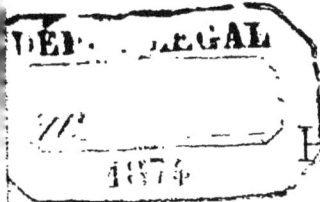

HISTOIRE

DES

SAINTES PUELLES

ET DE LEUR CULTE

PAR

L'ABBÉ ÉMILE ROUS.

« Le culte des Saints, qui est un des grands
« besoins de la piété dans tons les temps,
« demande surtout à être ranimé au temps
« présent. »

(D. GUÉRANGER, cité par Mgr Pie. *Œuvres*,
tom. II, p. 67)

Ce livre se vend au profit de la Chapelle des Saintes.

PERPIGNAN

TYPOGRAPHIE DE CHARLES LATROBE

Rue des Trois-Rois, 1.

1876

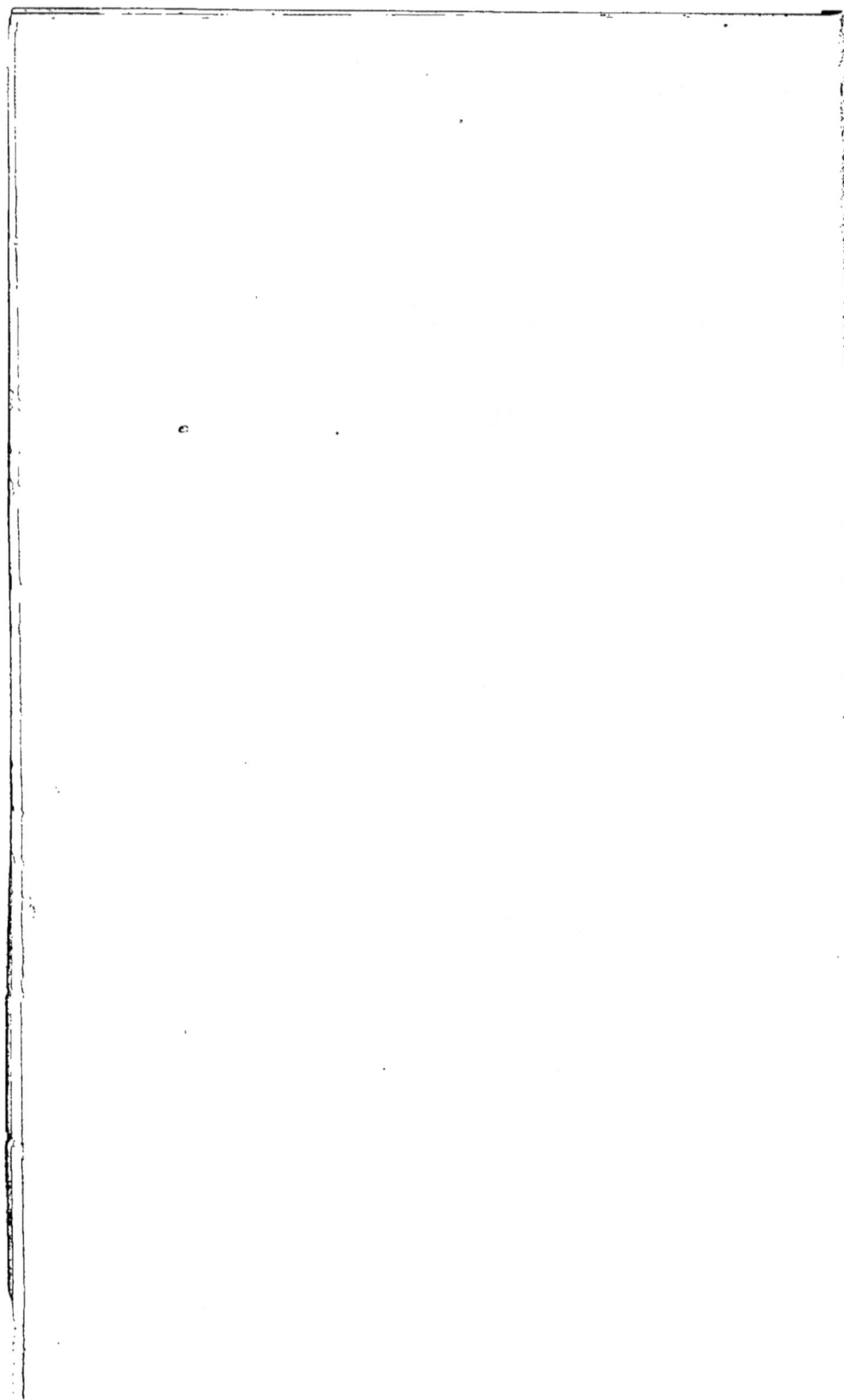

c

Mon cher Curé,

J'approuve tout à la fois la pensée inspiratrice de votre livre et son heureuse exécution. Sauver un souvenir paroissial, et par conséquent diocésain, de l'oubli où il était prêt à sombrer, rien n'est plus conforme aux habitudes et aux vœux de la Sainte Eglise, qui ne laisse rien périr ; faire revivre ce souvenir presque éteint à la lumière de graves documents et de sérieux témoignages historiques, l'appuyer, pour l'avenir, sur de nouveaux monuments visibles, comme votre chapelle et votre livre, rien n'est plus en harmonie avec l'honneur de la vie sacerdotale comme avec ses devoirs ; rien même n'est plus digne d'un Français intelligent.

Je vous félicite donc, mon cher Curé, pour votre beau travail sur les saintes Puelles,

Et je vous bénis du fond de mon cœur.

† FRÉDÉRIC, évêque de Perpignan.

AVANT-PROPOS.

I. Origine de ce livre. — II. Simple aveu et reconnaissance. — III. Forme et division de cet écrit. — IV. Fin
principale de l'auteur.

I. — Origine de ce livre.

Il y aura bientôt deux ans, un troupeau
m'était confié sur un penchant des Corbières
méridionales. La voix de mes supérieurs
venait de me nommer curé à Tautavel. Une
fois établi dans cette nouvelle paroisse, je
m'empressai de me faire renseigner sur les
usages et les traditions de mon peuple. En ce
moment, tous les esprits étaient préoccupés
par l'idée de reconstruire un sanctuaire
antique, consacré à deux Saintes, généralement inconnues parmi nous, et récemment
démoli (1). J'interrogeai les vieillards sur

(1) Grâce à l'élan généreux de la population de Tautavel
et aux largesses de personnes amies, le sanctuaire a été
reconstruit sur de plus grandes proportions et d'après le
plan dressé par M. F. Blondel, architecte de Versailles.

l'état primitif de la chapelle détruite et sur l'origine du culte pratiqué en l'honneur des Saintes vénérées. Je recueillis avec respect les faits que la tradition populaire signale comme des preuves de leur sainteté et de leur puissance et je compris bientôt que les documents fournis se réduisaient à de pieuses légendes transmises d'âge en âge et religieusement conservées dans les foyers. Mais je ne dus point soumettre ces récits à un laborieux examen pour reconnaître qu'ils étaient dépourvus de critique et dénués de vérité. C'était, dans le sens moderne du mot, de la pure légende. Dans le fond, l'histoire de nos Saintes était ignorée. Je résolus d'éclairer la piété de mon peuple, croyant remplir, par ce travail, une de mes charges qui est de répandre la lumière et de dissiper l'erreur, quels qu'en puissent être l'origine et l'objet. Je m'assurai d'abord que les Saintes honorées à Tautavel de temps immémorial étaient les Saintes Puelles et je commençai mes recherches. Je donne aujourd'hui le résultat de mes investigations.

II. — Simple aveu et reconnaissance.

Je n'ai pas la sotte prétention d'offrir au public une œuvre remarquable. Ni le sujet, ni mon talent, ni les ressources dont j'ai pu disposer ne le comportent. Je songe encore moins à m'attribuer les qualités de l'historien, telles surtout qu'on les demande de nos jours. « Nous exigeons de l'historien, « disait naguère le savant chroniqueur de la « Revue des Questions historiques, qu'il soit « *un érudit, un critique.* (1) » Manifestement je ne suis ni l'un ni l'autre. Au contraire, je ne me dissimule pas que je cours risque d'être incomplet sur une matière qui n'a été traitée à ma connaissance par personne. C'est à peine si trois ou quatre colonnes lui sont consacrées par les Bollandistes dans les Actes des Saints. (2) Mais dans la position que j'occupe, éloigné que je suis des grandes bibliothèques et du commerce des gens capables de m'ouvrir d'utiles conseils, je n'ai rien

(1) M. MARIUS SÉPET. Livraison du 1er octobre 1875.
(2) *Acta Sanctorum.* Tom. VIII. octob. die XVII.

négligé pour réunir les documents .les plus
sûrs et les plus étendus.

Cependant j'ai hâte de dire que j'ai été
heureusement aidé, dans ce labeur, par des
personnes dévouées. Il y a tel document, tel
livre en particulier que je n'avais pas pu me
procurer et qu'une main diligente a su découvrir dans la poussière d'un fonds de librairie.
Je dois surtout des remerciements à M. l'abbé
Patau, curé du Mas Saintes Puelles, qui s'est
mis à ma disposition avec une obligeance
toute sacerdotale, et à M. Alart, le savant
archiviste de notre département qui a tiré de
ses riches cartons, avec autant de délicatesse
que de désintéressement, les notes hélas!
trop rares mais précieuses qu'il a recueillies
sur mon sujet, au cours de ses longues et
patientes recherches. Les indications qu'il m'a
fournies m'ont spécialement servi à établir
l'antiquité du culte des Saintes Puelles à
Tautavel. Je désire que cette déclaration
laisse à chacun le mérite de son œuvre et je la
fais avec d'autant plus de bonheur qu'elle me
permet d'exprimer ouvertement à M. Alart

ma profonde estime et ma reconnaissance.
Voilà dans toute sa simplicité l'origine de cet
opuscule.

III. — Forme et division de cet écrit.

J'ajoute une courte explication sur la forme
que j'ai adoptée. Mon étude est divisée en
deux parties. La première contient l'*Histoire
des Saintes Puelles*, la seconde, l'*Histoire
de leur Culte*. Ecrivant avant tout, comme
je l'ai dit, pour éclairer la foi de mon peuple,
je ne devais pas viser à faire une œuvre de
science. La forme du récit m'était prescrite
par la nature même et par la destination de
mon travail. Toutefois, sans céder au vain
désir d'étaler en marge une érudition plus ou
moins solide et personnelle, je ne me suis pas
cru dispensé de fournir la preuve de ce que
j'avance. Quelques notes étaient nécessaires
tant pour signaler les sources où je puise et
les autorités sur lesquelles je m'appuie que
pour réfuter certaines opinions émises et sou-
tenues récemment, peut-être au seul profit du
préjugé. J'étais loin de prévoir que je trou-

verais des adversaires parmi les savants annotateurs d'un ouvrage où je n'espérais rencontrer que des maîtres. Mais ma surprise et
mes regrets se sont accrus encore quand j'ai
appris que la science avait perdu l'auteur des
notes que je combats (1).

Que les lecteurs bienveillants me. permettent de réclamer leur indulgence pour ce
petit livre qui en a tant besoin. Puisse-t-il,
malgré ses imperfections, contribuer à donner
au culte de deux Saintes, hélas! trop
ignorées, plus de solennité et d'éclat.

IV. — Fin principale de l'auteur.

Je le soumets humblement et sans réserves
au jugement de Monseigneur l'Evêque de

(1) *Histoire Générale de Languedoc*. Édition Privat,
Toulouse. Notes E. M. sur les origines du christianisme
en France. Tom. 1. 2e partie.
Cette observation s'applique seulement aux annotations
signées E. M. que j'ai dû spécialement examiner et dans
lesquelles sont disséminées des erreurs de plus d'un
genre. J'ai hésité longtemps à émettre mon opinion sur ce
sujet. Mais le jugement porté sur la même matière par des
savants dont l'autorité est reconnue m'a permis de croire
que mon sentiment n'est pas contraire à la vérité.

Perpignan et je proteste qu'une des plus
douces ambitions de ma vie serait remplie, si
ce modeste écrit pouvait incliner sa haute
sagesse à introduire dans son diocèse les
honneurs publics que les Saintes Puelles ont
reçus, pendant des siècles, dans les diocèses
de Toulouse, de Saint-Papoul et qu'elles
reçoivent encore aujourd'hui dans le diocèse
de Carcassonne.

Tautavel, le 2 août 1876.

PREMIÈRE PARTIE.

—

HISTOIRE DES SAINTES PUELLES.

—

CHAPITRE PREMIER.

—

I. Dernier séjour de Jésus à Béthanie. — II. Repas donné dans la maison de Simon le Lépreux. — III. Magnificence de Marie-Madeleine et effusion du parfum précieux. — IV. Sens particulier attaché à ce fait évangélique. — V. Admirable sollicitude des premiers chrétiens pour les restes des martyrs. — VI. Titre spécial des Saintes Puelles au culte qui leur est rendu.

I. — Dernier séjour de Jésus à Béthanie.

C'était la dernière semaine de la vie du Fils de Dieu. Jésus avait quitté la région du désert et la cité d'Ephrem où Il s'était retiré avec ses disciples et Il était venu dans la bourgade de Béthanie, située à une petite distance de la Ville Sainte, — quinze stades, — à l'orient de la montagne des Oliviers (1).

(1) Joan. C. XI, v. 54. C. XII,v. 1.—Matth. C. XX. — Évangélistes, passim. — L'ABBÉ BAUNARD : *l'Apôtre Saint-Jean*, p. 69.

Ce n'est point sans des raisons profondes que Jésus a choisi ce village pour le lieu de sa dernière résidence. Des collines chargées d'oliviers et de caroubiers le dominent et le dérobent au monde. Béthanie est un asile de paix, une retraite pour la prière. C'est pour Jésus un séjour de repos, un lieu plein d'attraits, parce que son Cœur divin trouve là des cœurs amis qui le comprennent et qui répondent, par une affection sincère, aux épanchements de son amour. En ce moment solennel, Béthanie est encore et surtout pour Jésus un abri, un refuge. Ce qui a été écrit de Lui va s'accomplir; dans quelques jours le Fils de l'Homme sera glorifié; l'heure du grand événement est proche. Déjà le Sanhédrin s'est réuni. Les pontifes, par jalousie, les Pharisiens, par haine, ont résolu d'en finir avec le Juste et ils cherchent de nouveau l'occasion qu'ils ont manquée plusieurs fois de se saisir de sa personne.

Mais le Seigneur, qui attend que son heure soit venue, sort tous les soirs de Jérusalem et il se cache à Béthanie, d'où il revient tous les matins faire ses fonctions. En quittant la ville chaque nuit, Il échappe à ses ennemis qui n'osent pas s'emparer de Lui en plein jour à cause du peuple (1).

(1) Bossuet : *Méditations sur l'Évangile.*

II. — Repas donné dans la maison de Simon
le Lépreux.

Donc, le soir du troisième jour et au commencement du quatrième, Jésus, suivant sa coutume,
quitte le parvis du temple, où Il vient de donner
son dernier enseignement public. Il se dérobe à
la foule et, gravissant le mont des Oliviers, Il
rentre à Béthanie avec ses disciples. Cette nuit,
Lazare, que Jésus a rappelé, comme d'un som-
meil, de la mort à la vie, n'est point l'hôte heureux du Sauveur. Le repas est préparé dans la
maison de Simon le Lépreux. Mais l'ami ne se
sépare point de l'Ami. Lazare assiste au festin et
Marthe, sa sœur, de plus en plus avide de servir
le Maître, déploie tout son zèle et multiplie, en
quelque manière, ses soins empressés auprès des
convives.

Le repas est calme. L'attitude de Jésus com-
mande le plus grand respect. Le silence règne
dans le Cénacle. « Vous savez, a dit le Seigneur,
« qu'après deux jours a lieu la Pâque et que le
« Fils de l'Homme doit être livré à ses ennemis. »
Cette parole a jeté les apôtres dans une sorte de
stupéfaction ; leur visage est empreint de tristesse
et nul n'ose interroger Jésus.

III. — Magnificence de Marie-Madeleine et effusion du parfum précieux.

Sur ces entrefaites, Marie, la sœur de Marthe et de Lazare, entre dans le Cénacle. Elle porte dans ses mains un albâtre d'une éclatante blancheur. Elle s'approche de Jésus, et, brisant de ses doigts ce vase précieux, elle verse sur la tête du Sauveur le parfum qu'il contient et toute la maison est remplie de sa suave odeur.

Au même instant, un sourd murmure s'élève parmi quelques convives. Est-ce le signe de l'admiration et de la surprise ? Ou bien cet acte, qui n'est pas consacré par la coutume des Juifs, froisserait-il quelque conscience pharisaïque ? Une voix insolente et perfide lance son trait et dissipe le doute. C'est la voix d'une âme irritée. — « A quoi bon cette perte encore ? L'on eût pu « vendre ce parfum trois cents deniers et en « donner le prix aux pauvres ! »

Jésus, qui connaît l'instigateur de ces murmures et l'auteur de cette protestation injurieuse, pousse la mansuétude jusqu'à couvrir encore les desseins pervers du disciple infidèle, et s'adressant à tous les apôtres sans distinction, Il leur dit : « Pourquoi blâmez-vous cette femme ? « L'œuvre qu'elle vient d'accomplir est bonne et « digne de louange. Car vous avez toujours des « pauvres avec vous, mais vous ne m'avez point

« toujours. Ce parfum qu'elle a répandu sur mon
« corps a été comme consacré à ma sépulture.
« Je vous dis en vérité que partout où mon
« Evangile sera prêché, et il le sera dans l'univers
« entier, l'on rapportera l'acte que cette femme
« vient d'accomplir pour son honneur et pour sa
« gloire (1). »

IV. — Sens particulier attaché à ce fait évangélique.

Cette approbation authentique de Jésus donne
au fait qui vient de se produire un caractère particulier. La générosité de Madeleine est
signalée aux âges à venir comme un acte de
vertu auquel sont attachées d'immortelles promesses. Une carrière nouvelle est ouverte à des
dévouements magnifiques. La sœur de Marthe et
de Lazare a inauguré, sans le savoir, un ministère
sublime qui ne manquera ni de péril, ni de gloire.
Peut-être ne s'est-elle proposé que de donner un
témoignage éclatant de sa religion profonde pour
l'auguste personne de Jésus vivant. L'écrivain
sacré ne nous a point introduits dans le secret de
son cœur. Dans le fond son intention n'est pas
connue.

Mais Jésus ne laisse pas sans signification la

(1) Pour tout ce qui précède, voir les *Quatre Evangé-*
listes; les *Commentaires de Cornelius a Lapide*, passim,
et les *Annales de Baronius*, an. 33, n° 26. — An. 34,
n° 4 et 19.

libéralité dont il est l'objet. Il en détermine le sens, Il en proclame la haute portée. L'effusion du parfum précieux se rapporte à sa propre sépulture. Elle peut et doit être regardée, après la parole du Sauveur, comme le premier acte public du culte chrétien des reliques et des morts. C'est à ce titre qu'elle reçoit les promesses du Seigneur.

L'événement justifia bientôt les prévisions et le langage prophétique de Jésus. L'exemple donné par Marie-Madeleine fut suivi par d'autres femmes généreuses et le monde ne tarda pas à recueillir les fruits d'une action que les apôtres croyaient vaine, inutile, sans profit. Cet acte de dévouement et les paroles qui l'interprètent et le préconisent furent, pour les chrétiens des premiers siècles, une éloquente exhortation au courage.

V. — Admirable sollicitude des premiers chrétiens pour les restes des martyrs.

Aux vives clartés de la foi qui illuminaient leurs âmes, ils découvrirent, dans ce fait et dans cet enseignement évangéliques, les éléments principaux d'une doctrine qui leur fut chère. Enflammés du désir d'honorer et de servir Jésus dans la personne de ses membres, et de continuer, en quelque manière, à son corps mystique les devoirs sacrés de la sépulture, on les vit, sans aucun souci de la vie, sous les yeux des tyrans et des bourreaux, se précipiter dans les arènes, s'attacher aux pas de leurs frères traînés à la mort, recevoir, dans des linges ou dans des éponges, le sang généreux qui coulait à flots pour la cause de Jésus-Christ, vouer leur existence et leur fortune à la sépulture des saints martyrs; et, pour recueillir et préserver leurs corps de la profanation et de l'injure, s'exposer souvent eux-mêmes à des supplices cruels et certains (1).

Sans doute l'on peut assigner d'autres causes à ce zèle passionné qui anima les disciples de la loi nouvelle pour les corps des martyrs. Je ne dirai donc pas que l'acte accompli par Madeleine dans la maison de Simon le Lépreux ait été la cause unique de ces transports pieux. Mais je crois qu'il faut remonter jusqu'à ce fait et méditer la page qui le raconte, si l'on veut connaître dans son origine et s'expliquer d'une manière lumineuse, complète, la merveilleuse germination d'héroïsme qui éclate aux premiers âges de l'Eglise. Attribuerai-je à l'action de Marie une importance qu'elle n'a point eue dans la réalité? Je l'ignore, mais j'ai cru qu'en me livrant à cette interprétation, je pouvais citer à mon appui une grande autorité et me couvrir d'un nom illustre. Je dois avoir puisé l'idée première de cette explication dans la page qu'on va lire et qui a été

_____

(1) *Acta Sanctorum*, passim. L'ABBÉ MARTIGNY : *Dictionnaire des Antiquités chrétiennes*, p. 590.

écrite, avec la science et dans le style que l'on sait, par Monseigneur Gerbet.

« Dès les temps primitifs du christianisme, le
« changement d'un mot annonça la révolution
« produite par l'Evangile dans les croyances et
« les sentiments de l'humanité sur la mort. Aux
« anciens noms par lesquels on désignait com-
« munément les lieux de sépulture, la foi chré-
« tienne substitua, dans la langue qu'elle créait,
« le nom de cimetière, qui signifie un *Dortoir* (1)·
« Chaque église, l'église de Rome surtout, se mit
« à veiller ses morts, ou, suivant l'expression de
« Saint-Paul, *ses endormis*, comme la mère
« veille son enfant au berceau. On sait avec
« quelle religieuse sollicitude les chrétiens s'occu-
« paient de tout ce qui avait rapport à ceux de
« leurs frères qui avaient versé leur sang pour la
« foi. Nous lisons dans un des plus anciens docu-
« ments de l'Eglise romaine, que Saint-Clément,
« pape du premier siècle, divisa Rome en sept
« régions qu'il assigna à des notaires chargés de
« recueillir, chacun dans son district, les rensei-

(1) Κιομάω, *dormir*; κοιμητήριον, *dortoir*. In christianis mors non est mors, *Sed dormitio et somnus appellatur* (Saint-Hieron, ep. 27).

L'on peut voir encore sur ce point : Mgr GERBET, *Esquisse de Rome*, chr. tom. II, p. 241-255. — CARD. WISEMAN : *Fabiola*, 2e partie, C. II. *Les cimetières*. — MARTIGNY : *Diction. des Antiq. Chrét.* p. 154-155.

« gnements les plus exacts et les plus détaillés
« pour rédiger les actes des martyrs. Les soins
« dont on entourait leur dépouille mortelle allaient
« de pair avec ceux qu'on donnait à leur mémoire.
« Les dames romaines en particulier s'empres-
« saient de remplir ces derniers devoirs de la
« piété avec une tendresse courageuse, imitant
« ainsi, et souvent au péril de la vie, l'exemple
« que leur avaient laissé Marie-Madeleine, Salomé
« et leurs compagnes, ces premières chrétiennes
« du Calvaire. Les noms de Basilisse et d'Anas-
« tasie qui ensevelirent saint Pierre et saint Paul ;
« de Perpétue, de Lucine, de ces deux sœurs
« Pudentienne et Praxède, qui couraient par toute
« la ville pour emporter les corps et recueillaient
« le sang sur le pavé avec des éponges ; de Plau-
« tille, de Félicité, d'Apollonie, qui consacrèrent
« ainsi leurs propriétés, leurs veilles nocturnes
« et leurs mains à l'inhumation de ces restes
« sanglants, tous ces noms brillent dans les récits
« funèbres de ce premier âge comme des lampes
« placées dans les caveaux antiques. » (1)

Rome, sanctifiée par le sang des martyrs,
la ville des martyrs par excellence, offrit journel-
lement pendant trois siècles de persécutions ce

(1) Mgr GERBET : *Esquisse de Rome Chrétienne* tom. I,
p. 88-90. — D. GUÉRANGER : *Sainte-Cécile et la Société
Romaine*. C. VII, p. 124-125. Édit. DIDOT.

spectacle de foi pleine de courage et de péril. (1)
Mais cet héroïsme ne fut pas le partage exclusif
de la ville de Rome. Sa foi qui fut répandue bientôt dans l'univers entier, au témoignage de l'Apôtre, (2) enfanta partout les mêmes prodiges et les
actes authentiques des saints, en mille endroits,
nous fournissent la preuve que, dans toutes les
parties de l'empire, les chrétiens étaient animés
de ce zèle jaloux pour les restes sacrés de leurs
frères martyrs.

VI. — Titre spécial des Saintes Puelles au culte qui leur est rendu.

Dans tous les cas, c'est grâce à un semblable
dévouement et par le récit de la passion de l'un
de nos martyrs les plus illustres, que le souvenir
des Saintes dont j'ai entrepris d'écrire l'histoire
est passé à la postérité. Pour elles comme pour
les Lucine, les Pudentienne, les Praxède, s'est
accomplie la promesse faite par Jésus à Madeleine:
« Je vous dis en vérité que partout où règnera
« mon Evangile, l'on rapportera l'acte que cette
« femme vient de produire pour son honneur et
« pour sa gloire. »
Il est certain que les Saintes Puelles seraient
inconnues, si, une fois conquises à Jésus-Christ

(1) MARTIGNY : *Diction. des Antiq. Chrét.*, p. 589-590.
(2) *Ep. ad Rom.* C. I, v. 8.

par saint Saturnin, elles ne s'étaient point attachées à ses pas et si elles n'avaient point bravé tous les tourments et la mort même pour arracher son corps déjà broyé et mis en lambeaux aux dernières profanations des païens furieux. Cet acte héroïque leur a fait assigner un rang d'honneur dans cette phalange de vierges et de femmes courageuses qui se sont dévouées à la sépulture des martyrs, et leur mémoire, conservée dans les annales de l'histoire ecclésiastique et dans les monuments de la liturgie chrétienne, est immortelle comme la mémoire de l'Apôtre qui les a engendrées à Jésus-Christ.

Le même récit qui décrit la fermeté inébranlable de saint Sernin nous fait admirer la foi généreuse des saintes Puelles. Parce que ces Vierges intrépides ont voulu courir les périls et partager les douleurs de leur Pasteur et Père, le souvenir de leur vertu est consigné dans les actes authentiques de son martyre, et leur nom est embelli de l'éclat de son nom. Au point de vue de l'histoire et de la foi, leur vie n'est qu'un épisode de sa vie.

Cette dépendance glorieuse, qui lie, d'une manière si intime, l'existence des Saintes Puelles à celle de saint Saturnin, produit deux résultats dont je suis heureux de recueillir le bénéfice. Premièrement, elle me permet d'affirmer que cet opuscule, si modeste soit-il, ne manque pas de

fondement, puisque j'en puise le fonds dans un
des documents les plus accrédités de notre histoire.
Secondement, elle ouvre à mon récit la voie la
plus naturelle, en m'imposant l'obligation d'es-
quisser d'abord à grands traits la mission et
l'apostolat de saint Saturnin. Au reste ce début
était nécessaire tant pour donner à la figure des
saintes Puelles son véritable jour que pour déterminer l'époque à laquelle elles ont vécu.

CHAPITRE II.

—

I. Arrivée de Saint-Pierre à Rome. — II. Fondation du
Saint Siége. — III. Rome centre du christianisme. —
IV. Mission de Saint-Saturnin dans la Gaule.

I. — Arrivée de saint-Pierre à Rome.

Dans l'espace d'un demi siècle, le monde avait
subi les supercheries d'Auguste, les infamies de
Tibère, les hallucinations de Caius Caligula.
Celui-ci mort, l'empire est offert et pour mieux
dire imposé à Claude, son oncle, qu'un soldat
tire, de la façon la plus grotesque, de dessous une
portière, où la peur l'a réduit. De ce bas lieu et
sans autre transition, il est porté, malgré le Sénat,
au faîte du pouvoir. Beau destin du monde, qui
des mains d'un fou furieux passe aux mains d'un
fou imbécile, le tout précédé de Tibère et suivi
de Néron! (1)

(1) COMTE F. DE CHAMPAGNY. *Les Césars*, tom. I,
P. 365 et seq. — Tom. II, p. 6 et 8, 3e édition, 1859.

Qu'attendre, qu'espérer d'un monde si triste-
ment déchu et livré, asservi à de tels maîtres? Le
corps social, plus usé par les vices hideux qui le
ravagent que par sa vétusté, doit se décomposer
et périr, à moins qu'un principe nouveau ne
surgisse et par son triomphe n'enfante le salut.

Or, aux dernières années de Tibère et sous
Caius Caligula, ont commencé de poindre les premières lueurs d'une grande réforme, la plus
grande dans l'histoire, ou pour mieux dire, la
seule, certainement unique dans le passé, certainement unique dans l'avenir. Ceux qui l'ont
entreprise ne font pas, il est vrai, parler d'eux ; ils
n'ont pas débuté par un coup d'éclat comme
Luther, ni par un livre emphatique comme Rous-
seau ; ce sont des Grecs ou des Juifs, pauvres,
affranchis, en bonne partie esclaves, se réunissant
dans des greniers, à la lueur de quelques mauvaises lampes ; gens peu civilisés qui parlent un
latin barbare ou un grec impur, vêtus de pauvres
tuniques et faisant en commun de maigres
repas. (1)

On le voit, les moyens sont petits pour le succès de cette œuvre dont les résultats doivent être
si extraordinaires. « Mais, a écrit de Maistre, rien
« de grand n'a de grands commencements. On ne
« trouve pas dans l'histoire de tous les siècles une
« seule exception à cette loi. *Crescit occulto velut*

(1) *Les Césars*: tom. 1, p. 374.

« *arbor œvo ;* c'est la devise éternelle de toute
« grande institution. (1) »

Cependant aux premiers temps du règne de
Claude (2), il se produit, au centre de l'empire,
un fait en apparence commun, vulgaire, qui va
donner à ce mouvement de régénération une
impulsion puissante. L'on était au printemps de
l'année 42. (3) L'un de ces obscurs réformateurs,
un pauvre juif vient à Rome, sans autres armes
qu'une croix invisible, (4) avec l'étrange et folle
idée de la conquérir et de la sauver. Manifestement il y a plus que de la hardiesse à tenter ce
coup et il ne paraît pas que les forces humaines
suffisent au succès d'une telle entreprise. N'importe ; de quelque nom qu'on l'appelle, sagesse ou
folie, telle est, dans la réalité, la pensée bien
arrêtée de cet homme. Au reste, le doute est
impossible ; il ne fait pas un mystère de ses des-

(1) DE MAISTRE. tom. I, *Essai sur le principe......,*
nᵒ 23, p. 31, édit. Pélagaud.

(2) BARONIUS, *Annal. Eccl.*, an. 44, nᵒ 25 — an. 45,
nᵒ 1. — *Acta sanctorum :* tom. XXVII, die 29 juin. —
Les Césars : tom. II, p 142. — D. GUÉRANGER. *Sainte-
Cécile et la Société Romaine...*, C. II, édit. Didot. —
L'ABBÉ BLANC. *Cours d'histoire ecclésiastique.* tom. I,
p. 35 et note 1.

(3) D. GUÉRANGER. *Sainte-Cécile,* C. II.
(4) *Trophœum crucis Christi romanis arcibus infe-
rebus,* a dit à ce sujet Saint-Léon le Grand.

seins. Lui-même nous révèle son plan et il nous indique ses moyens avec une simplicité, une franchise, qui achèvent de rendre votre âme stupéfaite. Suivez plutôt cet inconnu et surtout écoutez-le.

Figurez-vous cet étranger au visage pâle et à la barbe crépue, revêtu d'une robe et d'un manteau usés par le voyage, pieds nus ou avec de pauvres sandales. Avant de pénétrer dans la Ville, il se repose un moment au milieu de ses compagnons, près de la porte Navale, tâchant d'obtenir des renseignements sur le chemin qu'il doit suivre dans les détours de la grande ville et se faisant nommer quelques-uns des principaux monuments qu'il découvre. De la borne où il est assis, il peut apercevoir, sur le sommet du Capitole, le temple de Jupiter qui domine Rome et le monde. Pendant qu'il médite sur ce qu'il voit, un de ces chercheurs de nouvelles qui se plaisent à questionner les arrivants s'approche de lui, et il s'établit entre eux le dialogue suivant : (1)

LE PAÏEN. — Etranger, pourrais-je savoir quelle affaire t'amène à Rome, je serais peut-être en état de te rendre quelque service?

L'ETRANGER. — Je viens y annoncer le Dieu

(1) Cette description et le dialogue qui suit sont empruntés textuellement à l'*Esquisse de Rome chrétienne* qui me sert de guide dans tout ce chapitre.

inconnu et substituer son culte à celui des Démons.

Le Païen. — Vraiment! mais voilà quelque chose de très-nouveau, et j'aurai grand plaisir, tout à l'heure, à raconter ceci à mes amis en me promenant avec eux dans le Forum. Si tu le veux bien, causons un peu : dis-moi d'abord d'où tu viens? Quel est ton pays?

L'Etranger. — J'appartiens à une race d'hommes que vous détestez, que vous méprisez et qui ont été chassés de Rome; mais on leur a permis d'y revenir. Mes compatriotes, à ce qu'on m'a dit, ne demeurent pas loin d'ici, le long du Tibre : Je suis juif.

Le Païen. — Mais tu es peut-être un grand personnage dans ta nation?

L'Etranger. — Regarde ces pauvres mariniers qui se tiennent là tout près de nous, sur le bord du fleuve : Je suis de leur métier. J'ai passé une bonne partie de ma vie à prendre des poissons dans un lac de mon pays et à raccommoder mes filets pour gagner mon pain. Je n'ai ni or ni argent.

Le Païen. — Et, depuis que tu as quitté ce métier, tu t'es sans doute appliqué à l'étude de la sagesse, tu as fréquenté les écoles des philosophes et des rhéteurs, tu comptes sur ton éloquence?

L'Etranger. — Je suis un homme sans lettres·

LE PAÏEN. — Jusqu'ici je ne vois rien de bien rassurant pour ton entreprise : il faut donc que le culte de ce Dieu inconnu dont tu parles soit bien attrayant par lui-même, pour pouvoir se passer ainsi de toute recommandation?

L'ETRANGER. — Le Dieu que je prêche est mort du dernier supplice sur une croix, entre deux voleurs.

LE PAÏEN. — Et que viens-tu donc nous annoncer de la part d'un Dieu si étrange?

L'ETRANGER. — Une doctrine qui semble une folie aux hommes superbes et charnels et qui détruit tous les vices auxquels cette ville a élevé des temples.

LE PAÏEN. — Quoi! tu prétends établir cette doctrine à Rome d'abord, et ensuite dans quels pays?

L'ETRANGER. — Toute la terre.

LE PAÏEN. — Et pour longtemps?

L'ETRANGER. — Tous les siècles.

LE PAÏEN. — Par Jupiter! l'entreprise a quelque difficulté, et je crois que tu aurais besoin de commencer par te faire de puissants protecteurs, pour n'être point arrêté à ton début; mais je n'imagine pas que tu comptes les Césars, les riches, les philosophes parmi tes amis?

L'ETRANGER. — Les riches, je viens leur dire de se détacher de leurs richesses; les philosophes, je viens captiver leur entendement sous le joug de la foi; les Césars, je viens les destituer du Souverain Pontificat.

Le Païen. — Tu prévois donc qu'au lieu de se déclarer pour toi ils se tourneront contre toi et les disciples, si tu en as? Que ferez-vous alors?

L'Etranger. — Nous mourrons.

Le Païen. — C'est en effet ce qu'il y a de plus vraisemblable dans tout ce que tu viens de m'annoncer. Etranger, je te remercie; tu m'as fort diverti. Mais en voilà assez pour le moment; *je t'entendrai un autre jour.* Adieu. — Pauvre fou! c'est pourtant dommage; car il m'a l'air d'un assez brave homme.

L'on a reconnu dans cet étranger le juif Simon, fils de Jean, Pierre enfin, le chef autorisé de la religion chrétienne; et si l'Apôtre n'a pas eu un pareil entretien, il n'est pas douteux, ce semble, que des conversations semblables quant au fond, n'aient eu lieu entre quelques chrétiens et quelques païens du premier siècle. Sous ce point de vue, ce dialogue, sans être une vérité historique, est un fait dont on peut dire : Je l'ignore, mais je l'affirme. (1)

Quoi qu'il en soit, Pierre, le cœur joyeux, fait

(1) Mgr Gerbet. *Esquisse de Rome chrétienne,* tom. I, p. 14-17.

son entrée dans cette Rome que saint Léon a
comparée à une forêt de bêtes frémissantes. En
lui la force de l'amour triomphe de la crainte (1).
Il marche avec une contenance assurée à travers
les flots de ce peuple agité et il vient au Transtévère où l'attendaient déjà Aquila et Priscille.
Tout porte à croire que ces deux époux étaient au
nombre des juifs qui avaient déjà embrassé le
christianisme avant l'arrivée du Prince des Apôtres. (2) Le zèle ardent qui anime Pierre et l'élan
bien connu de sa nature active, entreprenante, ne
lui permettent pas de demeurer oisif. Pleinement
assuré du succès de son œuvre, (3) il s'adonne
sans retard aux labeurs que réclame sa haute et
divine mission et il se met en rapport avec les
habitants de ce quartier. Peut-être avaient-ils eu
déjà connaissance de la prédication évangélique ;
peut-être même plusieurs d'entre eux étaient-
ils chrétiens. (4) Ce qui est certain, c'est que

(1) *Vincebat materiam formidinis vis amoris* (Saint-
Léon.)

(2) D. Guéranger. *Sainte-Cécile et la Société Romaine,*
C. II, p. 18, édit. Didot.

(3) *Nec aut dubius de provectu operis* (Saint-Léon). Ce
texte est encore confirmé par la note qui suit.

(4) Dom Guéranger dans l'ouvrage souvent cité a dit :
« On ne saurait douter que Rome ne renfermât déjà dans
« son sein quelques chrétiens..... Si l'immense majorité
« des Juifs, à Rome comme ailleurs, repoussait Jésus de

la parole de l'Apôtre ne tombe point sur une terre stérile et qu'elle porte d'heureux fruits. La religion nouvelle compte bientôt de nombreux et fidèles disciples, non-seulement parmi les juifs et les étrangers, mais aussi parmi les Romains. Son influence qui est venue d'abord réjouir la misère de l'esclave pénètre même jusqu'au palais des grands. (1)

II. — Fondation du Saint Siége.

Pierre devenu habitant de Rome n'avait pas seulement à entretenir des relations avec ses compatriotes qui formaient une petite cité juive au Translévère. Les rapports qu'il avait eus à Césarée avec un Cornélius l'appelaient au *vicus Patricius*, où ce grand événement qui s'était accompli en faveur du centurion de la cohorte Italique ne pouvait manquer d'avoir eu quelque

« Nazareth, la minorité courageuse qui l'occupait ne pou-
« vait manquer d'y être déjà représentée. Avant son
« arrivée, Pierre, chef du christianisme, connaissait la
« situation et il devait même posséder des renseignements
« sur les personnes. » *Sainte-Cécile*, loc. cit.

(1) Les détails donnés par Dom Guéranger sur la circulation du christianisme dans les familles influentes de Rome donnent légitimement à penser que ce mouvement ne dut pas se borner aux quelques personnes dont nous pouvons encore aujourd'hui assigner le rôle. V. *Sainte-Cécile...*, p. 55.

retentissement. Le séjour de Pierre au Transtévère ne fut donc pas de longue durée; l'hospitalité de Césarée réclamait ses droits et conviait le Galiléen à l'honneur d'habiter au Viminal. (1)

En fréquentant ce quatier, Pierre se trouve habituellement dans le voisinage d'une famille vénérable qui demeurait dans cette partie de Rome. Cette famille que le mérite des vertus domestiques préparait de longue main aux vives lumières et aux douces émotions de la foi chrétienne, est une famille illustre, la famille du sénateur Pudens. (2)

Celui-ci, soit qu'il ait entendu parler de l'Apôtre et de ses enseignements, soit qu'il ait remarqué la transformation morale opérée autour de lui et jusque parmi ses clients, depuis l'arrivée de ce juif, donne à Pierre libre accès dans son palais. L'âme généreuse de Pudens est frappée et ravie des beautés de la religion nouvelle. La doctrine de Jésus-Christ, exposée par l'Apôtre avec une lumière, un accent, une autorité qui dissipent toutes les ténèbres et ne souffrent même pas l'hésitation du doute, lui révèle le vrai sens de la vie.

(1) D. GUÉRANGER. *Sainte-Cécile*, p. 18 et 22, éd. Didot.

(2) Ibid. p. 21 ; « les Actes de Sainte-Praxède et les « martyrologes les plus anciens s'accordent à nous montrer « Saint-Pierre, devenu sur le Viminal, dans le quartier « le plus aristocratique de Rome, l'hôte d'un personnage « de race sénatoriale qui est appelé Pudens. »

Il l'embrasse avec amour. Priscille, sa femme, leur fils et belle-fille. Pudens jeune et Sabinella, et les enfants de ceux-ci, Timothée et Novatus, Puden-tienne et Praxède, la famille toute entière, suivent son exemple. Famille heureuse, a dit encore Mgr Gerbet, jusque dans ses noms qui rappellent des idées de pudeur, de crainte de Dieu, d'anti-quité et de renouvellement. (1)

Dès lors le palais de Pudens devient la demeure et le Siége de Pierre. Le temple de l'ancienne loi est encore debout à Jérusalem et le pêcheur du lac de Génézareth fonde dans l'enceinte de Rome le premier sanctuaire de la loi nouvelle. Cette maison est le lieu où se forme le noyau primitif de l'Eglise Romaine. Comme les réunions des chrétiens y donnent moins d'ombrage, à raison du grand nombre de clients et d'étrangers qui se rendent pour leurs affaires dans les palais des sénateurs, c'est là que les fidèles commencent à se réunir pour participer aux saints mystères. (2)

Le soir, lorsque les flots de peuple qui agitaient la ville se sont écoulés et que la nuit a étendu sur

(1) Mgr GERBET. *Esquisse.....*, tom. I, p. 117 et 192 et passim. — CARD. WISEMAN. *Fabiola*, 2ᵉ partie, C. X. — D. GUÉRAGER. *Sainte-Cécile.....*, C. VII, p. 122. édit. Didot.

(2) Mgr GERBET. *Esquisse...*, tom. I, loc. cit. — CARD. WISEMAN, *Fabiola*, 1ʳᵉ partie, C. XI. — D. GUÉRANGER. *Sainte-Cécile.....*, p. 195.

elle ses ombres épaisses, et plus particulièrement
le matin, avant l'aurore, les chrétiens se dirigent
enveloppés dans leurs manteaux vers la demeure
de Pudens. Ils en franchissent le seuil, traversent
une première cour et montent en silence jusqu'au
cénacle ou *triclinium*. Les portes se referment et
ils tiennent leur assemblée. Ils prient, ils reçoivent d'une âme avide les enseignements divins,
ils se rassasient de lumière et de vérité. L'Apôtre
renouvelle sous leurs regards et pour eux l'adorable sacrifice du Cénacle et du Calvaire et à
mesure que l'Action Sainte se développe et marche
vers sa consommation, le recueillement devient
plus profond; le tremblement, le saisissement, la
crainte s'emparent des cœurs. Ils savent, ces
chrétiens des premiers jours, et ils sentent que
l'heure du sacrifice est une heure solennelle, que
ce moment est terrible et redoutable et ils demeurent prosternés, anéantis dans l'adoration. Ils se
relèvent à la voix du ministre qui annonce que le
sacrifice offert pour tous va être appliqué à chacun
d'eux. Leurs visages revêtent alors leur plus beau
caractère. Je ne sais quelle tristesse tempérée par
une joie céleste, je ne sais quel mélange de gra-
vité et d'allégresse, un air de religion douce et
suave est répandu sur leurs fronts. Tremblants et
ravis, ils reçoivent dans leurs mains et ils man-
gent la chair de Jésus-Christ, ils boivent son sang
à la coupe sacrée.

Après l'action de grâces, la bénédiction de l'Apôtre et la collecte, rassasiés de l'amour divin, tout pleins de Dieu, ils se réunissent au festin de l'Agape. Là, contrairement à la coutume païenne, hommes et femmes, pauvres et riches, patrons et affranchis, esclaves et libres s'accoudent à la même table. « Le repas commence par la prière. « On s'y nourrit autant que la faim l'exige, on y « boit avec assez de modération pour que la chas- « teté n'en puisse souffrir. Les convives se rassa- « sient, mais sans oublier qu'ils ont à adorer « Dieu pendant la nuit. Ils conversent, mais en « hommes qui savent toujours écouter inté- « rieurement le Seigneur. La prière termine le « repas, » (1) et les convives se séparent, empor- tant dans le cœur, avec un amour de Dieu qui domine tout sentiment, la connaissance pratique de la plus douce et de la plus véritable fraternité. Voyez comme ils s'aiment, dira-t-on bientôt! Ils sont prêts à mourir l'un pour l'autre.

Ces assemblées mystérieuses où tout est or- donné, paisible, divin, ces prières, ces chants, ces exhortations enflammées et lumineuses, cette immolation de l'adorable victime, cette présence de Pierre, cette hospitalité donnée à Dieu et à son Vicaire, tout cela confère à la maison de Pudens une incomparable noblesse. Elle est le Temple du

(1) TERTULLIEN cité et traduit par le comte F. de Cham- pagny dans *Les Antonins*, tom. II, p. 291.

Très-Haut, la demeure des Saints, le berceau de l'Eglise Romaine. Certes cette gloire est grande; mais je découvre en elle, si j'ose le dire, un caractère plus élevé, plus sublime encore. Elle m'apparaît comme le centre du Christianisme.

III. — Rome centre du christianisme.

« Pierre ayant au nom du Christ pris posses-
« sion du monde romain par l'occupation de
« Rome elle-même, a dit D. Guéranger, que je
« me plais encore à citer, cette ville était désor-
« mais enchaînée d'un lien indissoluble à la prin-
« cipauté spirituelle de l'Apôtre. Déjà capitale du
« plus vaste de tous les empires, elle devenait la
« capitale de l'Eglise chrétienne. Le moment était
« donc arrivé où Pierre devait songer au gouver-
« nement général de cette Société qui depuis le
« baptême de Cornélius apparaissait comme ne
« devant avoir d'autres limites que celles de la
« race humaine. Il s'agissait alors d'établir des
« relations entre les diverses régions du monde,
« de chercher le moyen de ramener tout à l'unité,
« et de faciliter les rapports en créant plusieurs
« centres d'action. L'isolement judaïque était ren-
« versé pour jamais, et, quant à la conception du
« nouveau mode d'organisation de la Société des
« croyants, Pierre, désormais en relation intime
« avec des membres du patriciat romain, n'avait

« pas longtemps à chercher pour rencontrer le
« type selon lequel il était à propos qu'il procé-
« dât..... Pierre avait mis le pied dans Rome, et
« elle était devenue le siége de la monarchie
« chrétienne ; mais quels immenses labeurs à
« entreprendre pour évangéliser les vastes pro-
« vinces du monde latin placées sous le ressort
« immédiat de cette capitale! (1) »

Donc Pierre n'est pas venu dans Rome pour s'y
fixer dans une immobilité stérile. Il n'ignore pas
les destinées de l'Eglise qu'il a fondée. Il a le
secret du plan divin. « *Etends l'enceinte de ton*
« *pavillon et développe les voiles de tes tentes ;*
« *n'épargne rien, allonge tes cordages, affer-*
« *mis tes pieux ; tu pénétreras à droite et à*
« *gauche, ta postérité héritera des nations et*
« *remplira les villes désertes,* » a dit le Seigneur (2).

Pierre a mesuré de son regard toute l'étendue
de cette mission. Bossuet aurait dit *qu'il a*
embrassé dans sa vaste compréhension toutes
les proportions de cette œuvre grandiose et son
esprit n'en est pas ému et son cœur n'en est pas
ébranlé. Il faut donc que de ce palais de Pudens,
marqué d'en haut pour être sa résidence et le
siége de son Eglise, dans tous les siècles, la vie
divine, comme d'un foyer puissant, rayonne dans

(1) D. GUÉRANGER, *Sainte-Cécile*, p. 27, édit. Didot.
(2) *Isaïe*, LIV, v. 3, 4.

l'univers entier et que la lumière de la foi se répande en tous lieux (1).

Pierre ne manque pas au dessein de Dieu. Ayant affermi sur des bases inébranlables l'Eglise de Rome qui doit être, à travers tous les âges, la colonne et le fondement de la vérité, et comptant d'ailleurs sur les promesses du Ciel, il tourne son regard vers l'Occident. Sans doute dirigée par l'Esprit de Dieu qui le soutient et le guide et justifiée d'avance par la connaissance qu'il a acquise des lieux, soit par lui-même (2), dans ses pérégrinations apostoliques, soit par les rapports de témoins fidèles comme Paul, Luc, Crescent (3), sa première pensée est pour le pays des Gaules (4).

.

(1) « C'est de cette demeure que partaient les évêques « que le prince des apôtres envoyait dans toutes les direc- « tions pour propager la foi du Christ et mourir pour elle. » C. WISEMAN. *Fabiola*, 2e partie, C. X.

(2) *Acta Sanctorum*, tom. XXVII, 29 juin, n° 16 et passim. — SELVAGGIO. *Antiq. Christ. Inst.*, Lib. I, p. I. — D. GUÉRANGER. *Sainte-Cécile*, p. 56 57.

(3) *Acta Sanctorum*, tom. LVI, p. 295, n°s 57-60. — Mgr FREPPEL. *Saint-Irénée*, p. 54 et seq.

(4) Des auteurs à qui l'on ne peut contester ni le talent, ni la science, ni la renommée, ont nié de nos jours l'action directe de la Papauté sur l'Occident et en particulier sur le pays des Gaules, aux premiers siècles de notre ère. M. Guizot ayant écrit, dans son *Histoire de la civilisation en France*, (tom. II, leç. XIX, p. 98) « que « l'Italie, l'Espagne, les *Gaules* étaient devenues chré-

Il choisit parmi les disciples qui l'entourent et
qui forment sa couronne, des prêtres animés d'un
zèle éprouvé, fermes dans la Foi, dévorés par la
soif des âmes. Il leur impose les mains et il leur

« tiennes sans le secours de la Papauté : que leurs églises
« ne tenaient à celle de Rome par aucune puissante
« filiation ; qu'elles étaient ses sœurs, non ses filles, »
d'autres écrivains comme MM. Michelet et Am. Thierry
ont à peu près tenu le même langage. M. l'abbé Gorini,
dans sa *Défense de l'Eglise* (tom. IV, ch. IX, X et XI), a
montré avec sa courtoisie et sa science bien connues que
cette appréciation n'était ni fondée sur les faits, ni conforme aux témoignages les plus certains de l'histoire.
« Cherchant les noms des premiers prédicateurs de la foi
« dans notre pays, dit-il, M. Guizot n'a songé, il paraît,
« qu'aux deux plus célèbres, saint Pothin et saint
« Irénée, sortis de l'école de saint Polycarpe, évêque de
« Smyrne, et il en a conclu que le flambeau de l'Evangile
« s'était avancé sur la Gaule de l'Asie et non de l'Italie ;
« conséquence fausse, car tout nous persuade que ces
« missionnaires arrivèrent parmi nous du consentement
• du Pape. »
L'auteur de la *Défense de l'Eglise* ne borne point là sa
réponse et il prouve dans le même chapitre que nous
avons eu avant saint Pothin et saint Irénée d'autres prédicateurs de la foi. D'ailleurs des travaux sérieux, véritablement savants et fort recommandables, quelque mépris
qu'ait affecté pour leurs auteurs l'Académie des Inscriptions et Belles-Lettres, ont mis ce point d'histoire
dans la plus vive lumière. Même, si je ne me trompe,
M. Paulin Paris, ramené à l'impartiale vérité par les mémoi-

confie la mission d'évangéliser les nations qui
habitent le beau pays des Gaules et de féconder
par leurs travaux, leurs sueurs et leur sang, ce
nouveau champ ouvert devant eux.

res de M. l'abbé Arbellot, a réformé, pour son compte, le
jugement qu'il avait formulé en 1872 sur cette matière. —
Tout récemment encore le R. Dom Chamard, religieux bénédictin de l'abbaye de Ligugé, a montré dans la *Revue des
Questions historiques* (juillet et octobre 1873) que le système patronné par la docte assemblée n'était pas établi sur
l'exacte connaissance des faits, et que M. l'abbé Chevalier
ne pouvait point invoquer à l'appui de ses théories les
témoignages de l'antiquité.

Cependant comme si ce résultat n'était pas acquis,
M. Emile Mabille a persisté à reproduire les mêmes
erreurs dans les notes qu'il a été chargé d'ajouter à la
nouvelle édition de l'*Histoire générale de Languedoc*,
publiée à Toulouse avec un dévouement digne d'un plus
grand succès, par M. Edouard Privat. Il est regrettable
que les questions qui touchent aux origines et à l'établissement du christianisme en France n'aient pas été traitées
avec plus de soin et surtout avec un meilleur esprit. L'on
sent en divers lieux de ce remarquable ouvrage comme
un souffle d'opposition à la Papauté qui circule et que
l'on voudrait faire pénétrer dans l'esprit du lecteur.
M. Mabille, paraît-il, n'avait pas de sympathie pour Rome.
Il eût voulu lui enlever la gloire d'avoir fait évangéliser
la France. Pour lui comme pour M. Guizot le flambeau
de l'Evangile se serait avancé sur la Gaule de l'Asie et
non de l'Italie.

M. Mabille considérait comme établi : (v. *Histoire géné-*

IV. — Mission de saint Saturnin dans les Gaules.

Tour à tour et pour ne citer que des noms qui
intéressent mon récit, saint Trophime, le disciple

rale du Languedoc, tom. I, 2ᵉ partie, liv. III, § VIII, p. 287,
édit. Privat, 1874) « que la religion chrétienne n'a pénétré
« dans les Gaules que dans la seconde moitié du second
« siècle ; qu'à cette époque les premières églises établies
« furent celles de Lyon et de Vienne ; que les mission-
« naires qui les ont constituées sont venus d'Asie ; que
« des missionnaires partis du même point ont dû succéder
« aux premiers et ont pu dès le commencement du troi-
« sième siècle répandre dans la Narbonnaise les premières
« connaissances de l'Evangile, etc., etc. » M. Em. Mabille
répète à peu près les mêmes choses: *Liv. III, p. 313,
note 3 et p. 329-330, note 7.* Enfin p. 337, 338 il
ajoute : On sait que le culte de Cybèle, la grande mère des
« dieux, originaire de Phrygie, s'introduisit dans les
« Gaules dans la seconde moitié du deuxième siècle.....
« C'est également vers la même époque que des mission-
« naires sortis de l'Asie-Mineure vinrent dans les Gaules
« prêcher la religion chrétienne et s'établir dans la vallée
« du Rhône. »
Je ne veux point rechercher si le culte de Cybèle, originaire de Phrygie, a dû être porté en Gaule directement
de l'Asie-Mineure, au deuxième siècle de notre ère,
lorsqu'il était déjà pratiqué à Rome deux cents ans avant
Jésus-Christ. (V. *Histoire Romaine par* THÉODORE
MOMMSEN, tom. IV, p. 167-168.) Mais à quelle fin
M. Mabille écrivait-il, avec cette insistance que les premiers apôtres de la Gaule sont venus de l'Asie, si ce n'est

aimé que saint Paul a laissé malade à Milet ou
peut-être à Malte, (1) reçoit de Pierre le baiser
de paix et la consécration de son apostolat, et il
vient à Arles annoncer l'Evangile aux populations

pour déplacer le centre du christianisme et pour enlever
à Rome la gloire de nous avoir engendrés à la foi?

De telles assertions, surtout quand elles émanent d'auteurs qui se décernent le titre assez pompeux d'*Ecole
historique*, demanderaient à être appuyées de quelques
preuves. Ces preuves, M. Mabille les a-t-il fournies? Voici
son plus grand argument: « Nous savons par des auteurs
« et par des inscriptions qu'au troisième siècle les rela-
« tions commerciales étaient fréquentes entre l'Asie
« Mineure, Marseille, Arles, Agde et Narbonne... Il n'est
« pas présumable que la Narbonnaise, qui, aux deuxième
« et troisième siècles de notre ère avait des relations si
« fréquentes avec l'Asie-Mineure, n'ait pas eu sa part dans
« le mouvement qui porta vers les Gaules les mission-
« naires envoyés par les églises d'Ephèse et de Smyrne...»
Si l'on possède les premières notions de l'histoire
ecclésiastique, l'on n'ignore pas qu'au deuxième siècle,
vers l'an 158, saint Polycarpe se fit accompagner à Rome
par saint Pothin et ses compagnons avec le projet de les
envoyer en Gaule pour y prêcher la foi. Bien plus, qui
pourrait affirmer sur preuves certaines que les disciples
de saint Polycarpe n'ont pas reçu, dans cette circons-
tance, du Pape lui-même, leur mission ou la consécration
de leur mission? Toutes les probabilités sont pour le
sentiment contraire (V. GORINI, tom. IV, 261). Je ne

(1) BARONIUS. *Ann. eccl*, an. 59.

gauloises qui sont déjà façonnées aux mœurs
romaines. Martial, l'enfant que l'Apôtre saint
André avait désigné au Sauveur en lui disant : il
y a ici un enfant qui a cinq pains d'orge et deux

pense point qu'il vienne dans l'esprit de personne de contester l'existence des relations de l'Asie-Mineure avec la
Gaule. Il est très vrai que les vaisseaux marchands de
Smyrne, de Milet et d'Ephèse abordaient à Marseille ; que
les trafiquants ioniens remontaient la vallée du Rhône,
parcouraient Vienne, Lyon, Autun ; que la civilisation de
cette partie de la Gaule était grecque ou asiatique presque
autant que romaine (V. *Les Antonins*, tom. III. p. 193).

Mais cela prouve-t-il qu'il n'y ait pas eu d'évêques en
Gaule avant saint Pothin et que saint Pothin lui-même
ait été le premier évêque de Lyon? saint Grégoire de
Tours l'a dit dans son *Histoire des Francs*, liv. II.
ch. XXVII; le *Gallia christiana* l'a répété après lui ;
mais quel est le document historique qui autorise
une telle affirmation? « L'on sait, a dit entre autres
« Mgr Gerbet, que Grégoire de Tours, si bon chroniqueur
« des choses de son temps, a toujours la même sincérité,
« mais non plus la même autorité quand il parle d'événe-
« ments qui se sont passés quelques siècles auparavant. »

La célèbre lettre des chrétiens de Lyon à leurs frères
d'Asie ne donne pas ce titre à saint Pothin (v. BARONIUS
Ann. eccl. ad an. 179, vol. II, p. 388, n° 13.) Or, disent
avec raison les BOLLANDISTES (tom. VIII, octob. die XVII,
p. 22) si saint Pothin avait été le premier évêque et le
fondateur de l'église de Lyon, l'auteur de la lettre, très
probablement saint Irénée, ne l'aurait-il pas insinué en
parlant de lui? « *Citata epistola non vocat eum primum*

poissons, fortifié par la bénédiction de Pierre, pénètre jusqu'au centre de la Gaule et il répand la bonne nouvelle parmi les peuples qui habitent ou qui avoisinent Limoges (1). Saturnin fils

« *episcopum aut fundatorem istius ecclesiæ, sed simpli-*
« *citer refert ministerium episcopatus Lugdunensis illi*
« *creditum fuisse.* ὁ τὴν διαχονίαν τῆς επιςχοπῆς
« Λουγδουνίῳ πεπιστευμενος. »

Cela prouve-t-il encore que des missionnaires ne sont point venus de Rome en Gaule dès le premier siècle ? Si les relations de l'Asie-Mineure avec Marseille, Vienne, Lyon, Autun, Agde et Narbonne sont certaines, aurait-on l'idée de nier les rapports de Rome même avec la Gaule ? Trouverait-on qu'il fut plus facile aux missionnaires de l'Asie-Mineure qu'aux missionnaires de Rome d'aborder en France ? Que la tyrannie du préjugé est terrible !

Oui ; rejeter, comme étant de nulle valeur, les plus précieux témoignages de l'antiquité chrétienne, qui nous montrent les peuples d'Occident éclairés, dès le premier siècle, des lumières de la foi, partir du fait de la mission de saint Pothin pour nier toute prédication antérieure en France, et, par une induction dont l'auteur lui-même n'a pas manqué de sentir la faiblesse, expliquer la conversion de la Gaule par l'action directe et permanente des églises de l'Asie-Mineure, plutôt que d'en attribuer la gloire au siége de Rome, c'est un procédé que je ne veux ni ne peux qualifier, mais que la science n'avoue pas.

M. Em. Mabille n'avait pas eu la main heureuse.

(1) Mgr GERBET. *Esquisse.* ., tom. I, p. 447.

d'Egée, roi d'Achaïe en Grèce, que saint Pierre
a converti à Patras et à qui Trophime et Martial
ont déjà ouvert la voie, reçoit pour lot dans ce
partage magnifique le pays occupé par la race

L'étude de Dom Chamard publiée dans la *Revue des questions historiques*, dont il était lui-même collaborateur,
aurait dû le convaincre qu'il n'avait point puisé à une
bonne source et que le livre de M. l'abbé Chevalier n'est
pas, tant s'en faut, un guide sûr. Il est fort regrettable
que de semblables théories soient présentées comme le
dernier mot de la science dans un ouvrage d'un ·mérite
aussi reconnu que l'*Histoire générale de Languedoc*.

La vérité sur la question traitée dans cette note n'est
donc pas dans les livres de MM. Guizot, Michelet, Amédée
Thierry, ni dans les notes de l'*Histoire générale de Languedoc*, rédigées par M. Em. Mabille, mais plutôt dans
cette page de l'*Esquisse de Rome chrétienne* que l'on ne
lira point sans plaisir :

« Quoique tous les apôtres aient concouru à répandre
« dans le monde la semence évangélique, Pierre et Paul,
« fondateurs de l'Eglise romaine, par leur prédication,
« par leur martyre et par leur tombeau, ont été les plus
« grands propagateurs du christianisme dans l'Occident
« comme dans l'Orient. A partir de l'arrivée de saint
« Pierre, Rome, sous le rapport dont il s'agit en ce mo-
« ment, se distingue par un double caractère de toutes
« les autres églises fondées par les apôtres. Celle-ci, sauf
« quelques cas exceptionnels, n'ont étendu le règne de
« l'Evangile que dans les contrées avec lesquelles elles
« avaient des relations de voisinage : elles ont été le
« foyer d'un prosélytisme plus ou moins local : Rome

jadis si valeureuse des Tectosages (1). La ville de
Toulouse lui est assignée comme centre de son
Apostolat.

C'est dans la maison du Pudens, le soir, après
l'immolation de la divine victime et en présence

« a été le foyer d'un prosélytisme universel. Les autres
« églises apostoliques n'ont pas exercé d'une manière
« continue leur zèle pour la propagation de la foi, et, depuis
« bien des siècles elles n'ont rien fait : Rome a toujours
« travaillé à la grande œuvre. Cherchez une ville où cette
« parole : *Allez, enseignez toutes les nations*, ait cons-
« tamment eu de l'écho, une ville que ce mot divin ait
« pour ainsi dire frappée d'un prosélytisme infatigable
« dans le temps et illimité quant aux lieux : vous n'en
« trouverez qu'une seule. Cela pourrait suffire pour carac-
« tériser le véritable centre du christianisme. »

Mgr GERBET. *Esquisse de Rome chrét.*, tom. I, p. 145-
146.

(1) Quelle que soit la forme de ce récit, les détails en
sont empruntés à des auteurs sérieux et à des textes
authentiques. Cependant je me sens obligé d'ajouter encore
une note de quelque étendue pour montrer que ce que
j'avance sur saint Saturnin en particulier ne manque
point de fondement.

I. — Je n'ai pas suivi le texte des légendes où saint
Saturnin est signalé comme disciple de saint Jean-Baptiste
d'abord et plus tard de Notre Seigneur Jésus-Christ,
parce qu'il m'a paru très difficile pour ne pas dire impossible de faire concorder ce renseignement avec les actes
principaux de la vie du Saint. Mais j'ai pensé qu'il serait
téméraire de nier que saint Saturnin ait été le disciple de

de tous les frères assemblés, ou mieux encore peut-être, le matin à l'aube du jour, après le chant des hymnes et des cantiques, que saint Pierre confie à Saturnin cette mission glorieuse.

Saint Pierre. Les témoignages de la tradition sur ce point sont nombreux et précis. M. l'abbé Maxime Latou, prêtre du Diocèse de Toulouse, les a réunis dans sa *Vic de saint Saturnin* (ch. v, p. 69-100)

II. — Le fait de la mission de saint Saturnin dans les Gaules par Saint Pierre ne peut pas être sérieusement contesté. Les textes accumulés par M. l'abbé Latou ne permettent aucun doute sur ce sujet. Mais l'on ne saurait assigner avec la même certitude la date précise de cette mission. A mon avis, elle doit être placée après le départ de saint Trophime et de saint Martial, c'est à-dire vers l'an 60 de notre ère.

Pour fixer mon opinion sur ce point, j'avais trois documents à examiner :

1° *Les Actes du martyre de saint Saturnin, publiés par D. Ruinart ;*

2° *La Passion de saint Saturnin d'après le manuscrit de la bibliothèque de Florence, n° 223 ;*

3° *Le texte de la supplique adressée par les évêques de la province de Vienne au pape saint Léon.*

Voici le résultat de cet examen :

Si les auteurs, même d'opinions diverses, considèrent en général, la légende de saint Saturnin publiée par D. Ruinart comme très authentique dans sa substance, ils sont loin de professer les mêmes idées sur l'époque de sa rédaction et sur la valeur historique de la date consulaire qu'elle contient. Le R. D. Chamard (V. *Etude sur l'éta-*

L'Apôtre n'ignore point tout ce qu'il y a d'ardeur, de zèle, de fermeté, de courage dans ce cher disciple. Il l'embrasse avec effusion et il le bénit. Saturnin reçoit tour à tour de ses frères le baiser de paix et il quitte l'assemblée.

blissement du christianisme et les origines des églises de France, *2e partie. Revue des questions historiques. Octobre 1873)* a établi par des preuves que je crois décisives: 1° Que les deux parties de la légende, distinguées par D. Ruinart, doivent être attribuées au même auteur et que la légende dans son ensemble, n'a pas été composée avant la fin du cinquième ou même le commencement du sixième siècle; 2° Que la date consulaire des actes de saint Saturnin ne peut en aucune façon servir de base à un système historique, parce qu'elle est en contradiction avec des monuments historiques certains, avec le texte même de la légende, avec plusieurs affirmations de Grégoire de Tours et par conséquent avec les règles de la saine critique. Il faut donc abandonner d'une manière irrévocable et sans en tirer aucun secours pour la question qui nous occupe la fameuse date consulaire, *ante annos L, id est Decio et Grato consulibus.*

Une seconde date nous est fournie par le manuscrit 223 de la bibliothèque de Riccardi de Florence. Le récit de la passion de saint Saturnin relaté dans ce manuscrit a été publié pour la première fois au siècle dernier par Joseph de Macéda dans son recueil intitulé: *Actas sinceras nuevamente descubiertas de los Apostoles de la Antigua Vasconia.* Les Bollandistes à qui j'emprunte ces détails *(Acta Sanctorum,* tom. VIII, octob. p. 24, n° 35) disent que ce manuscrit doit être du IXe siècle; mais comme

le *Légendaire* ou *Sanctoral*, d'où ces actes sont extraits
ne contiennent la vie d'aucun Saint postérieur à
saint Grégoire le Grand, mort en 604, il leur paraît
vraisemblable que le manuscrit ne soit qu'une copie d'un
original plus ancien et dont la composition remonterait au
VIIe siècle. Dom Piolin et d'autres écrivains assignent
encore à ce manuscrit une plus haute origine. Or ce manuscrit qui donne à saint Saturnin le titre de disciple de
saint Pierre, fixe son arrivée à Toulouse sous le règne de
l'empereur Claude, successeur de Caius Caligula.

Quoique cette deuxième date soit plus conforme que la
première aux témoignages de la tradition, je ne crois pas
qu'elle puisse être acceptée comme absolument vraie parce
qu'elle ne s'accorde point avec des documents historiques
dont l'autorité ne peut être sérieusement contestée. Je
veux parler de la lettre du pape Zozime écrite le 22 mars
417 aux évêques de la Gaule et plus particulièrement
encore de la supplique adressée par les évêques de la
province viennoise au pape saint Léon, l'an 450. (V.
BARONIUS, Annal. eccl. ad an. 450). Or voici ce que disent
les dix-neuf évêques signataires de cette supplique :

« Toutes les provinces de la Gaule savent et la très-
« sainte Eglise romaine n'ignore pas que la première de
« la Gaule (narbonnaise) (intra Gallias) la cité d'Arles a
« mérité de recevoir pour pontife saint Trophime, envoyé
« par le très-saint apôtre Pierre ; et que de là le bienfait
« de la Foi et de la religion a pénétré peu à peu dans les
« autres parties de la Gaule. De plus, les autres cités ont
« manifestement reçu leurs évêques de cette source de la
« Foi déposée chez nous par l'institution apostolique. »

Le pape Zozime avait dit : « Certes il convient de ne pas
« déroger aux antiques privilèges de la ville métropoli-

« taine d'Arles, vers laquelle a été envoyé par ce saint
« siége le pontife Trophime et de laquelle, comme d'une
« source féconde, toutes les Gaules ont reçu les eaux
« salutaires de la Foi. » — Pour éluder le coup que ces
textes portent à une certaine école, l'on a imaginé d'in-
venter l'existence de deux évêques d'Arles du nom de
Trophime. Mais cette idée, plus ingénieuse que solide, ne
supporte pas l'examen. (V. D. CHAMARD. *Revue des
questions historiques*, octobre 1873 et même GORINI :
Défense de l'Eglise, tom. IV, c. XI.) — Il est donc établi
que saint Trophime a été le premier évêque envoyé par
saint Pierre pour évangéliser la Gaule narbonnaise, qu'il
a fixé son siége à Arles et que sa prédication a été comme
une source d'où sont sortis des ruisseaux de Foi pour
la Gaule entière. Ce point est tellement hors de doute
que D. Vaissete, lui-même, a écrit dans son *Histoire générale de Languedoc* (V. tom. I, 2e partie, liv. III, § XXXVII,
p. 328, édit. Privat) : « Il est très probable que ces mis-
• sionnaires (les sept évêques) commencèrent d'abord
« l'exercice du saint ministère à Arles. » Or qui ne sait
que saint Paul venant à Rome l'an 55-56 (V. D. GUÉ-
RANGER. *sainte Cécile....*, p. 57) a laissé son disciple
Trophime à Malte suivant Baronius? (V. *Ann. eccl.*, an. 58-
59). Il est donc manifeste que saint Trophime n'a pu,
comme nous l'avons dit, recevoir sa mission pour la Gaule
que vers l'an 60 de notre ère. Ce n'est pas sans raison
puis-je conclure enfin que je fais venir saint Saturnin en
France vers la même époque et après saint Trophime.

CHAPITRE III.

—

I. Adieux du missionnaire catholique aux Ier et XIXe siècles de l'Eglise. — II. Départ de saint Saturnin. — III. Ses prédications dans la Gaule Narbonnaise. — IV. Son arrivée à Toulouse.

I. Adieux du missionnaire catholique aux Ier et XIXe siècles de l'Eglise.

Il serait difficile d'exprimer tout ce qu'il y eut d'attendrissant dans cette scène d'adieux. Ces chrétiens des anciens jours si durs pour eux-mêmes, si fermes dans l'adversité et prêts à tous les sacrifices, semblaient alors incapables de modérer leur émotion et d'arrêter le cours de leurs larmes. La séparation d'un frère, malgré les vives lumières de la foi et la consolation de leurs espérances, était pour leurs cœurs aimants comme une sorte d'épreuve. L'amertume de cette douleur, que la charité faisait naître, n'était tempérée que par la joie de voir s'étendre le règne de Jésus-Christ et l'éclat de son nom. Il est très vrai que

les premiers chrétiens étaient sous le coup de ces
sentiments.

D'ailleurs l'Eglise catholique nous offre encore
aujourd'hui le même spectacle. Elle n'a pas été
dépossédée de l'esprit apostolique. De son sein
fécond sortent, à tous les âges, des enfants qu'a-
nime la noble passion de porter la lumière et la
vie aux nations qui sont plongées dans les ténèbres de la mort; et, si, après dix-huit siècles
écoulés, l'on veut ressentir les émotions causées
aux chrétiens des premiers jours par les adieux
d'un frère désigné pour l'apostolat, surtout dans
notre France, qui, malgré ses malheurs, se main-
tient au premier rang dans cette voie du dévouement et de l'héroïsme, l'on n'a qu'à se transporter
au séminaire des Missions étrangères, à l'un des
jours fixés pour un départ de missionnaires.

Un grand orateur a dit de l'autorité qu'elle « *est*
« *une transparence de Dieu dans l'homme*(1). »
L'on peut appliquer cette parole avec la même
vérité, mais dans un sens différent à la sainteté.
Elle est le commentaire exact et précis du mot
sublime et connu de saint Paul : « *Je vis, ce*
« *n'est plus moi qui vis, c'est Jésus qui vit en*
« *moi* (2). » Quoique les traits du saint se dérobent aux sens et demeurent enveloppés dans le

(1) R. P. FÉLIX. *Le Progrès par le Christianisme.*
année 1870, p. 11-12.
(2) *Epist. ad Gal.*, c. II, v. 20.

mystère, ne semble-t-il pas qu'un regard exercé peut découvrir, sous sa physionomie extérieure et à travers l'éclat de son œil pur et limpide, comme une forme splendide de son âme, transfigurée et divinisée par le contact et la présence du Christ? Il semble que, sous le voile du corps devenu transparent, l'on touche Dieu.

Ce rayon de la justice, suivant la belle expression des actes de sainte Thècle (1), ce caractère merveilleux, sous lequel vous aimez, à l'aide des souvenirs que laisse en vous l'étude des monuments antiques, à vous représenter les chrétiens et en particulier les Apôtres des premiers âges, apparaît dans les élus que la Providence marque chaque jour pour être les apôtres et les civilisateurs des peuples. Cet air modeste que répand sur le front l'humilité chrétienne ne peut ni cacher ni contenir tout à fait le tressaillement qui les agite. L'on sent que dans leurs cœurs bouillonne une passion sainte, qu'en eux le feu du ciel a allumé comme un incendie d'amour, qu'ils débordent de la charité de Jésus-Christ, en un mot, qu'ils sont animés par une vie supérieure et divine. En eux la grâce a triomphé de la nature et sur les débris du vieil homme fleurit et règne la beauté de l'homme nouveau. Si, seulement une fois dans la vie, on a eu le bonheur de contempler

(1) Mgr FREPPEL. *Les Pères apostoliques et leur époque*, p. 232, IIIᵉ édit.

de ses yeux cette merveille, on n'en perd jamais plus le souvenir.

Le séminaire des missions étrangères, à Paris, donne souvent au monde ce magnifique spectacle. Là, le jour du départ, les frères et les amis cherchent, poursuivent, à travers les allées du jardin, ceux qui ont été jugés dignes de porter la vérité aux nations idolâtres. Ils les reconnaissent sans peine à cette marque divine que j'ai essayé de décrire. Ils les entourent, ils tombent à leurs pieds, ils sollicitent de leurs mains une bénédiction, ils se relèvent, et, se jetant à leur cou, ils mêlent leurs larmes à leurs larmes, ils les étreignent dans un de ces chastes embrassements que le vrai chrétien seul connaît, ils renouvellent dans tous leurs détails les touchants adieux de saint Paul aux fidèles d'Ephèse sur le rivage de Milet. Ensuite l'on se groupe autour d'eux au pied d'un autel dressé à Marie, et quelle ardeur dans la prière! Avec quel accent les nouveaux missionnaires invoquent la Reine des Martyrs! Le chrétien chante sa foi, dit-on ; le missionnaire, avant son départ, chante surtout ses espérances qui lui font entrevoir la mort, le martyre, comme le prix glorieux de ses sacrifices, de ses souffrances, de ses travaux. Enfin les missionnaires prêtent serment de fidélité à Dieu présent sous les voiles eucharistiques. Les assistants émus et pleins de respect baisent leurs pieds qui vont évangéliser la

paix et les biens ; et les jeunes Apôtres sortent de
Paris tumultueux et corrompu comme les disciples
de saint Pierre sortirent de Rome, sans bruit et
comme à la dérobée. Je crois que, dans le fond,
ce cérémonial pratiqué de nos jours ne diffère
point de la coutume suivie au temps de saint
Pierre et que la scène émouvante des missions
étrangères peut donner quelque idée de ce qui
dut se passer dans le palais de Pudens au départ
de saint Saturnin.

Rarement, aux premiers siècles, le nouvel
apôtre partait seul. C'était la joie de ses frères de
lui faire comme une escorte d'honneur et sans
doute Saturnin jouit pendant une partie de sa
route de cette douce compagnie.

L'enthousiasme classique a fait beaucoup vanter
et admirer la dignité des ambassadeurs romains,
chargés par le Sénat de porter aux nations, dans
les plis de leurs toges, la paix ou la guerre, les
propositions d'une amitié protectrice ou les dures
conditions de l'esclavage et de la servitude. Ne
découvre-t-on pas plus de simplicité et de véritable
grandeur dans les apôtres de la loi nouvelle? Si
l'ambassadeur romain trouvait un appui dans le
nom seul de Rome, il n'ignorait point cependant
qu'il avait derrière lui les légions armées de la
patrie. L'Apôtre part seul, sans or ni argent, la
ceinture vide même de la plus vile monnaie. Il
n'a pour son voyage ni sac, ni habits, ni souliers,

ni bâton de défense. Il ne dispose point de ressources humaines. Tout son appui est dans un Dieu dont le monde ignore presque le nom, dans la vérité qu'il annonce, dans l'amour qui l'anime et dans la vertu de son propre sang qu'il est d'avance décidé à répandre, s'il le faut, pour rendre sa mission plus féconde. Pour tenter avec de tels moyens une semblable entreprise, il fallait avoir le cœur grand, l'âme magnanime.

II. — Départ de saint Saturnin.

Ainsi part de Rome l'apôtre saint Saturnin. L'on ne saurait préciser la voie qu'il a suivie pour se rendre dans la Gaule. S'il est venu par mer, il a dû prendre passage sur quelque vaisseau d'Italie à destination de Fréjus ou de Marseille, pour aller de là jusqu'à Arles, en remontant le cours du Rhône. Mais la voie de terre n'était pas impraticable. Nous savons qu'il existait des deux côtés des Alpes de si fréquentes communications qu'un chrétien n'a pas dû tarder à se hasarder dans ces voies ouvertes par César et toujours conservées libres (1). Ce second chemin, semble-t-il, convenait mieux aux habitudes des apôtres. En le parcourant Saturnin a pu visiter les premières chrétientés disséminées déjà dans l'Italie, les for-

(1) GORINI. *Défense de l'Eglise*, tom. IV, p. 271. — CH. LENTHÉRIC. *Les villes mortes du Golfe de Lyon*, c. XII et XIII.

tifier dans la foi et trouver lui-même les secours nécessaires pour le voyage. Quoiqu'il en soit, il est moins douteux qu'il soit venu à Arles où saint Trophime avait déjà fondé son Eglise (1).

(1) L'*Histoire générale de Languedoc*, (tom. I, 2e partie, liv. IV, p. 410-414, note EM.) contient sur saint Trophime et sur sa mission dans la Gaule, des affirmations ou plutôt des dénégations que j'estime peu fondées.

L'auteur de cette note, M. Em. Mabille, nie :

1° *Que saint Trophime ait été envoyé en Gaule par saint Pierre ;*

2° *Que l'église d'Arles soit la plus ancienne des Gaules.*

Je prends pour ce second point la conclusion de la note qui est loin d'avoir le sens de la thèse exprimée plus haut, savoir: *Que l'église de Vienne ne doit point sa naissance à celle d'Arles.* Car l'église d'Arles peut être la plus ancienne de la Gaule sans avoir donné directement naissance à celle de Vienne et *vice versâ*. Si la confusion qui règne dans les notes de cette nature n'a pas été un fruit de l'habileté, il faut convenir qu'elles ont été rédigées avec peu de soin et qu'elles n'ont pas le mérite de l'ordre et de la clarté.

Sur le premier point, M. Mabille s'est trouvé manifestement embarrassé par la supplique des évêques de la province de Vienne au pape saint Léon. Qu'a-t-il fait? Une chose fort simple; il en a contesté l'authenticité ! « Cet « acte intitulé: *Prœces missœ ab universis episcopis ad* « *Leonem Papam*, dit-il, est un document dont l'authen- « ticité a été fort discutée. » Cela est vrai. Et qu'importe? si, après la discussion, l'authenticité est prouvée et

III. — Ses prédications dans la Gaule Narbonnaise.

L'arrivée d'un frère de Rome et surtout d'un évêque était un véritable événement pour une

reconnue. Je ne sais alors pour quel motif il ajoute presque aussitôt : « Acceptons pour authentique cet « acte qui soulève cependant de graves objections. » Je doute fort que M. Mabille ait fait cette concession par pure générosité. La science, en matière d'histoire surtout, ne tolère pas ce procédé. Ou l'acte est authentique ou il ne l'est pas. S'il n'est pas authentique, il faut le rejeter, comme une chose de nul prix. Au contraire, si son authenticité est prouvée, il faut accepter les témoignages qu'il renferme et ne pas les détourner de leur véritable sens pour leur faire dire plus ou moins qu'ils ne disent dans la réalité.

Or la supplique des dix-neuf évêques dit en propres termes que « la première de la Gaule narbonnaise, la « cité d'Arles a mérité de recevoir pour pontife saint « Trophime envoyé par le très-saint apôtre Pierre. » *Prima intra Gallias Arelatensis civitas missum a beatissimo Petro apostolo sanctum Trophimum habere meruit sacerdotem.* (BARONIUS. *Ann. eccl.* ad an. 450, n° 54.)

« Cette allégation, dit M. Mabille, est contredite par « les monuments plus anciens. » Quels sont ces documents ? Voudrait-on parler des actes de saint Saturnin ? Mais sont-ils plus anciens que la supplique des dix-neuf évêques ? C'est encore là une chose qu'il faudrait prouver. Existe-t-il d'autres textes qui renversent la tradition proclamée et soutenue dans la supplique ? Dans ce cas, qu'on les produise. Nous les lirons sans parti-pris et avec le

église naissante, et la présence de Saturnin, disciple de saint Pierre, envoyé par lui, dut causer
aux fidèles d'Arles une vive joie. La porte de la
maison qui avait accueilli saint Trophime s'ouvrit

seul désir de connaître et d'embrasser la vérité. Mais la
note de M. Mabille ne fournit aucune preuve.

Sur le second point, M. Mabille fait dire au texte de la
supplique une chose qu'elle ne dit pas, savoir : « Que
« c'est de la ville d'Arles que peu à peu les autres
« cités et *notamment celle de Vienne*, ont reçu la bonne
« nouvelle. » Voici le texte : « *Priusque alia loca ab*
« *hoc rivo fidei quem ad nos apostolicæ institutionis*
« *fluenta miserunt, meruisse manifestum est sacerdotem,*
« *quam Viennensis civitas.* » Que le lecteur apprécie
lui-même avec quelle fidélité M. Mabille a traduit le texte
en question. Pour moi, j'oserais croire qu'il ne l'avait pas
lu et que s'il l'avait lu, il n'a pas été bien servi par ses
souvenirs. M. Mabille n'a pas été plus heureux quand il a
ajouté : « Nous savons d'un autre côté, que ce n'est
« point à l'église d'Arles que celle de Vienne doit son
« origine, puisqu'elle a été fondée par la mission grecque
« de saint Pothin. »

Admettons que l'église de Vienne ne doive point son
origine à celle d'Arles, puisque le texte cité ne le dit pas.
Mais de quel côté savons-nous que l'église de Vienne *a*
été fondée par saint Pothin? Sur quel texte peut-on
s'appuyer pour affirmer que saint Pothin *a fondé* même
l'église de Lyon et lui ou quelqu'un des siens l'église de
Vienne? La fameuse lettre des chrétiens de Lyon à leurs
frères d'Asie ne dit rien de tout cela. Au contraire, s'il
fallait s'en tenir rigoureusement au texte de cette lettre

pour lui tout entière. Un voyageur chrétien n'était jamais pour les autres chrétiens un étranger. Le bassin fut rempli, l'hôte lui lava les pieds ; l'aiguière fut pleine, la table mise. Dès la première heure, il conversa avec saint Trophime, il parla de l'Eglise de Rome, déjà tant aimée, il chanta, il pria avec cette famille devenue la sienne. Puis il présida l'assemblée des frères accourus pour

nous trouverions que l'église de Vienne a la priorité sur l'église de Lyon. (V. BARONIUS, ad an. 179, nᵒˢ 3 et 19. — *Acta Sanctorum*, octob. VIII, p. 22. — R. DOM CHAMARD, *Revue des questions historiques*, octob. 1873, p. 405.)

Enfin M. Mabille, après avoir traité de *fable* la lettre du pape Zozime à l'évêque Patrocle et le texte de la fameuse supplique adressée au pape Léon, termine sa note par cette conclusion :

« En résumé, saint Trophime n'a pas été envoyé par « saint Pierre. Rien ne prouve que l'église d'Arles soit la « plus ancienne des Gaules. » Véritablement, il faut compter sur la bonne foi du lecteur pour oser traiter de cette manière les questions d'histoire et pour donner à de semblables affirmations le caractère des jugements décisifs et irréformables. — Supprimer et fausser les textes au profit d'un système particulier sont des moyens que la véritable science n'avoue pas. Or ce n'est que par cette voie que M. Mabille est arrivé à soutenir :

1º *Que saint Trophime n'a pas été envoyé en Gaule par saint Pierre ;*

2º *Que l'église d'Arles n'est pas la plus ancienne des Gaules.*

recevoir avec une sainte avidité les enseignements et les communications dont il était le dépositaire et il immola pour eux et devant eux la sainte victime (1).

« Assurément cette scène d'hospitalité chré-
« tienne est fort belle, a dit l'illustre évêque
« d'Angers. Ces hommes étrangers les uns aux
« autres, qui se saluent comme des frères, cette
« maison qui devient un temple improvisé, cette
« réception au foyer domestique qui commence
« par la prière commune, par la célébration du
« mystère commémoratif de la mort du Christ;
« cette assemblée suspendue aux lèvres de l'Apô-
« tre que le Ciel lui envoie et qui demain va la
« quitter pour reprendre sa course à travers le
« monde, tout cela forme un tableau pris au vif
« de l'époque. On a souvent comparé ces scènes
« primitives du christianisme à celles d'Homère
« ou de la Bible dont elles rappellent la simpli-
« cité; mais cette touchante fraternité, qui, pour
« la première fois, s'inaugurait dans le monde,
« leur prête un caractère unique. Il n'y a plus
« d'étrangers pour cette famille qui compte déjà
« des membres sur tous les points de l'empire
« romain. On ne se connaît pas de vue, mais on
« se connaît en esprit. Ce mot indique toute la

(1) *Les Antonins*. tom. II, p. 300.

« révolution morale que portait en germe la doc-
« trine de la fraternité chrétienne (1). »

Le séjour de Saturnin à Arles ne pouvait pas
être long. Il se sépara de saint Trophisme et de
ses fidèles et suivant la voie romaine qui sillon-
nait à cette époque la Gaule Narbonnaise, il passa
le Rhône et il vint à Nîmes.

La lumière de l'Evangile avait-elle pénétré
déjà dans cette cité si particulièrement embellie
par les Césars? On peut le supposer. Cependant
la tradition rapporte que saint Saturnin y conver-
tit un grand nombre d'âmes et elle nous signale
comme une de ses plus précieuses conquêtes, le
jeune Honestus, fils d'Hémélius et d'Honesta,
qui, formé de bonne heure aux vertus apostoliques, alla prêcher plus tard la foi à Pampelune,
en Espagne (2). C'est le seul trait qui nous ait été
conservé du passage de saint Saturnin à Nîmes.
Suivant toujours la voie romaine, saint Saturnin
vint à Narbonne et de là à Carcassonne où il prê-
cha publiquement la doctrine de Jésus-Christ.
Ruffin, préfet de cette ville, irrité de cette hardiesse, le fit saisir et jeter avec les disciples qui

(1) Mgr FREPPEL *Les Pères apostoliques et leur époque*,
p. 232-233, édit. 3ᵉ.

(2) *Actes de saint Sernin*, manuscrit Riccardi. —
Histoire générale de l'église de Toulouse, par L'ABBÉ
SALVAN, tom. I.

l'accompagnaient dans une obscure prison (1).
Mais Dieu qui les réservait pour d'autres travaux
et d'autres tourments envoya à leur secours un
ange de lumière qui les délivra de leur captivité
et Saturnin arriva enfin à Toulouse.

IV. — Son arrivée à Toulouse.

O que radieux fut le jour où Saturnin, le pontife élu de Dieu, le cohéritier des Apôtres, entrant
pour la première fois dans cette cité, fit éclater de
ses lèvres la vérité et porta dans ce lieu, où jusque là avait régné le désordre, le bienfait de la
paix ! (2)

(1) *Propre du diocèse de Carcassonne.* — L'ABBÉ
LATOU : *Vie de saint Saturnin*, p. 218. — *Semaine religieuse de Carcassonne.* Voici ce que le savant auteur de
l'*Histoire abrégée des évêques de Carcassonne* a dit,
dans cette feuille, à ce sujet: « saint Saturnin vint
« prêcher le christianisme à Carcassonne. Le fait est
» rapporté par plusieurs martyrologes et par un grand
« nombre d'auteurs dignes de foi. Saint Saturnin y était
« accompagné de Papoul et d'Honestus, ses disciples ;
« tous les trois furent emprisonnés sur l'ordre du préteur,
« dans une tour qui porte encore le nom de *Sacraire de*
« *Saint-Sernin.* »

(2) « O quam perfulgida fuit dies illa quâ Tholosam
« ingressus est œquidicus apostolorum cohœres, Saturni-
« nus, electus Dei pontifex, cujus in habitaculis, discor-
« diæ paratis intraverunt pedes perpetuam pacem ferentes. »

Quoique saint Martial cût probablement jeté
dans cette ville les premières semences de la foi,
l'on peut dire cependant qu'à partir de ce jour
Saturnin doit être considéré comme son principal
Apôtre et comme le véritable fondateur de son
Eglise (1). Lui-même, Saturnin est la pierre
fondamentale, le roc inébranlable de cette église
nouvelle. Dès son arrivée à Toulouse, le saint
évêque déploie pour le succès de sa mission toutes
les richesses que la nature et la grâce ont accumulées en lui. Il n'est point d'obstacle qui puisse
arrêter cet athlète intrépide. Avec cette obstination
divine qui est au cœur de tout Apôtre, il se livre,
il s'acharne à la culture de cette terre que le ciel
réservait à son zèle. Il en arrache les germes
mauvais jusqu'à la racine et il sème avec largesse,
dans les sillons creusés par son labeur, le grain
fécond de la foi. Ce travail qu'aucune difficulté ne
peut interrompre est encore secondé par l'admirable spectacle de sa vie (2). L'éclat de ses vertus,
la puissance de ses miracles, l'autorité de sa
parole, l'efficacité de cette éloquence céleste qui

Manuscrit Riccardi. Texte publié par M. L'ABBÉ CAYRE,
dans son Histoire des évêques et archevêques de Toulouse. Appendice, p. 6J5.

(1) GUILLAUME DE CATEL. Mémoires, p. 821. — L'ABBÉ
SALVAN. Histoire générale de l'église de Toulouse, tom. 1.
— L'ABBÉ LATOU. Vie de saint Saturnin, p. 61.

(2) Actes de saint Saturnin, Ms RICCARDI.

jaillit à flots de ses lèvres, produisent une impres-
sion profonde sur ce peuple des Volces Tectosages
dont l'Europe et l'Asie avaient admiré pendant
des siècles la rare valeur et l'esprit d'aventures (1).
Les ravages que la corruption romaine a portés
dans son sein, n'ont pu détruire tous les traits de
son généreux caractère. La passion des nobles et
grandes choses, qui avait animé cette race intrépide, se réveille à la voix de Saturnin. La vive
lumière de l'éternelle vérité, que l'illustre et saint
évêque annonce, dissipe les ténèbres qui enveloppent les âmes. Les guérisons merveilleuses,
opérées par la seule vertu du signe de la croix,
confirment l'autorité de sa parole; des foules
considérables reçoivent le bienfait de la sainte
régénération. Toulouse a son église, son évêque.
Jésus-Christ a pris possession de la célèbre cité.

(1) *Histoire générale de Languedoc*, tom. i, passim.

CHAPITRE IV.

—

I. — Progrès de la Foi à Toulouse.

La semence du saint Évangile, répandue par la main bienfaisante et infatigable de Saturnin, jeta dans Toulouse des racines profondes. Le texte des actes de son martyre ne permet pas de douter que

(1) Les détails contenus dans ce chapitre nous ont été conservés presque tous par la tradition. Ce n'est point à dire cependant qu'ils manquent de certitude. Les écrivains qui ont usurpé le titre d'*Ecole historique,* avec l'intention de flétrir et de déconsidérer, par la dénomination d'*Ecole légendaire,* les auteurs qui acceptent, dans une juste mesure et avec une judicieuse critique, sur l'établissement du christianisme en France, les antiques traditions de nos églises, refusent à ces traditions locales toute autorité. Mais sur ce point le sens historique leur a fait défaut.

les fruits produits par ses premières prédications
n'aient été abondants. Empruntant la belle parole
qu'Eusèbe de Césarée appliquait aux églises fondées pendant les temps apostoliques, je dirai de

Égarés par le préjugé, ils ont perdu le mérite si précieux
en histoire de l'impartialité, et plutôt que de renoncer à
certains systèmes préconçus que ces traditions renversent,
ils ont préféré méconnaître et sacrifier les droits de la
vérité. Les savants qui ne se laissent pas aveugler par la
passion apprécient ces traditions d'une tout autre manière.
Voici ce que disait, sur ce sujet, au siècle dernier, le
savant Fréret, secrétaire perpétuel de l'Académie des
Belles-Lettres :

« Les anciennes histoires, celles mêmes qui n'étaient
« fondées que sur la simple tradition, ont, à ce que je
« crois, un certain degré de certitude, moins fort à la
« vérité que celui des histoires contemporaines, mais tel
« cependant que malgré l'éloignement des temps et des
« lieux qui nous cache une partie des circonstances et
« qui altère souvent la vérité de plusieurs autres, les
« esprits vraiment justes ne se croient point en droit de
« les rejeter entièrement pour le gros des faits, lorsqu'ils
« n'ont pas de preuves positives de leur fausseté. Par
« traditions historiques, j'entends les opinions populaires
« en conséquence desquelles toute une nation est persua-
« dée de la vérité d'un fait, sans en avoir d'autre preuve
« que sa persuasion elle-même et celle des générations
« précédentes, et sans que cette persuasion soit fondée
« sur aucun témoignage contemporain subsistant séparé-
« ment de la tradition elle-même. » (Mém. Acad. Bel.

celle de Toulouse qu'elle fut dès son origine
comme une aire remplie de froment. Les autorités
et les raisons que Dom Chamard a exposées dans
son étude *sur l'établissement du christianisme,*

Let., tom. VI, p. 153, citation prise à M. l'abbé LATOU
Vie de saint Saturnin, p. 98-99.

De nos jours, Mgr Gerbet, dont les œuvres trop ignorées
contiennent la solution d'une multitude de questions, a dit
également dans son *Esquisse de Rome chrétienne,* p. 27:
« En fait de traditions locales le peuple laisse se perdre
« celles qui lui sont indifférentes ou qui ne correspondent
« qu'à des préoccupations passagères ; mais lorsqu'elles
« intéressent des sentiments profonds et permanents, sa
« mémoire est tenace et longue, à moins que des causes
« étrangères ne viennent l'affaiblir : ce qui arrive en par-
« ticulier lorsque des érudits, s'étant persuadés, d'après
« quelques textes plus ou moins bien interprétés, que
« l'ancienne opinion se trompe, parviennent à faire ériger
« en conséquence une pierre, une colonne, un emblême
« commémoratif quelconque, dans le lieu où ils croient
« avoir découvert que l'événement s'est passé. L'aspect
« de ce monument peut finir à la longue par troubler les
« souvenirs populaires. Mais il est souvent bien plus
« difficile d'expliquer pourquoi certains renseignements
« très intéressants se sont perdus, qu'il ne le serait de
« concevoir pourquoi ils se seraient conservés. Les tradi-
« tions orales relatives à des faits ou à des lieux, occu-
« pent une grande place dans la vie domestique du peuple,
« qui concentre en elles l'intérêt que la classe lettrée
« disperse dans ses livres. Elles se transmettent plus faci-
« lement encore de génération en génération, lorsque les

pour prouver que la doctrine de l'Evangile fut
acceptée par un grand nombre d'âmes, dans toutes
les parties du monde romain, dès le premier
siècle, peuvent être invoquées à l'appui de ce
sentiment (1). Je me borne à faire ressortir que
la diffusion du christianisme trouvait à cette époque, dans la Gaule, un obstacle de moins à vain-
cre que dans les autres parties de l'empire : les
juifs ne s'étaient pas introduits dans cette contrée.
Les apôtres de Jésus-Christ ne furent donc pas
entravés dans leur œuvre par les difficultés que
leur suscitait, en d'autres lieux, leur haine tenace
et perfide (2).

Ce n'est pas à dire cependant que la ville de
Toulouse tout entière se soit ébranlée du premier
coup, à la voix de son Apôtre, ni même que la
religion nouvelle ait pris dès l'abord le caractère

« souvenirs conservés sous le toit de chaque famille, ne
« sont eux-mêmes que des parties ou des accessoires d'un
« grand souvenir historique, perpétuellement rappelé par
« des monuments et par des usages publics. »

A l'école d'un tel maître, l'on ne craint pas d'être
victime de l'erreur. L'on puise , dans les leçons qu'il
donne, avec l'amour du beau et du vrai, la science de la
juste mesure et de la sagesse, si nécessaires à toute
œuvre de l'esprit.

(1) *Revue des questions historiques*, juillet 1873,
p. 138-181.
(2) *Acta Sanctorum*, octob., tom. VIII, p. 23.

d'une éclatante publicité. Mais son action pour
être cachée n'en est pas moins puissante. L'heure
viendra où ce germe fécond qui demeure enfoui
pourra déployer sa vigueur et sa vie dans la
pleine lumière. En attendant, grâce au zèle per-
sévérant de saint Saturnin, l'Eglise de Toulouse
s'organise et se constitue, et les conversions se
multiplient.

II. — Conversion des saintes Puelles.

Les saintes Puelles furent des premières à recevoir le bienfait de la foi. « A la voix de Saturnin,
« le messager du vrai Dieu, et captivées par la
« puissance du nom de Jésus, elles reçurent avec
« une sainte avidité les enseignements de l'Apôtre
« et elles s'empressèrent de réduire leurs âmes
« sous le joug glorieux de la foi. Elles puisèrent,
« à la fontaine sacrée, avec les eaux du salut, une
« énergie que rien ne put abattre. La perspective
« du danger augmenta leur courage. Intrépides et
« comme des filles dociles, elles suivirent la voie
« que leur nouveau père leur avait tracée. Elles
« déplorèrent l'égarement et la folie de la multi-
« tude qui honorait les faux dieux d'un culte
« sacrilége. Elles détestèrent ces vaines divinités
« auxquelles la foule impie adressait d'inutiles
« supplications. Leur foi magnanime affermit,
« leurs exemples stimulèrent, leurs exhortations
« enflammèrent les disciples que l'apôtre de leur

« nation avait enfantés au Christ. Elles furent, en
« un mot, par leurs vertus, l'honneur et la gloire
« de leur sexe (1). » Même, suivant une tradition
consignée dans un cantique composé en leur honneur, elles eurent l'insigne privilége de donner
l'hospitalité à Saint-Saturnin (2).

III. — Leur condition et leur origine.

Ce trait, rapproché de ce qu'a dit de ces Vierges
Venance Fortunat, (3) nous permet de supposer
qu'elles furent d'un rang assez élevé. L'une
d'elles, celle que Fortunat signale, dans son
poème, comme la maîtresse de l'autre, n'aurait-
elle pas été cette Austris, fille de Marcellus, qui,

(1) *Officium Sampapulense.* Hym. I, Vesp.

(2) Ce cantique renferme, avec une exactitude que
j'appellerai rare dans ce genre d'écrits, les traits principaux de la vie des saintes Puelles. Il est manifeste que
l'auteur reproduit dans sa composition les témoignages
fidèles de la tradition et qu'il s'est inspiré en même temps
des actes du martyre de saint Saturnin C'est ainsi que
dans la strophe qui se rapporte à l'hospitalité offerte par
les saintes Puelles à saint Saturnin se trouve traduite
cette belle parole des actes : *Idolorum effectus est devastator egregius :* il est devenu le dévastateur magnifique
des idoles.

(3) *Tum mulier collegit ovans et condidit artus.*
   Sola una famula participante sibi.
VEN. FORTUNAT, Patrol. Lat. Ed. Migne. Tom. LXXXVIII,
col. 100.

d'après une pieuse légende, avait été guérie de
la lèpre et baptisée ensuite par saint Saturnin? (1)
En retour de cette double faveur et comme témoignage de sa reconnaissance, la nouvelle chrétienne n'aurait-elle pas offert sa demeure à celui
qui était devenu tout à la fois son bienfaiteur et
son père? C'est le sentiment de La Faille; (2)
mais comme il invoque à son appui l'autorité de
Venance Fortunat qui n'a pas traité ce point,
j'émets cette idée sous la forme d'une simple
conjecture, sans prétendre en aucune façon déterminer son degré de probabilité ou de certitude.
Quoi qu'il en soit, par les détails que la tradition
nous a transmis et par les poèmes de Venance
Fortunat, nous savons que les saintes Puelles
n'étaient pas toutes les deux d'une condition
vulgaire. Ces indications nous servent également
à fixer le lieu de leur origine.

Après ce que nous venons de dire, il est impossible de soutenir, avec quelque vraisemblance,
comme l'ont fait remarquer les Bollandistes, (3)
que les saintes Puelles fussent les filles d'un roi
d'Huesca et, qu'ayant été baptisées, contre la
volonté de leur père, par saint Sernin, elles aient

(1) L'ABBÉ SALVAN. *Histoire générale de l'église de
Toulouse*, tom. I, p. 141. — L'ABBÉ LATOU. *Vie de saint
Saturnin*.

(2) LA FAILLE. *Annales de Toulouse*, tom. I, in-folio.

(3) *Acta Sanctorum*, octob. Tom. VIII. p. 14, n° 8.

quitté le foyer paternel et suivi l'illustre Apôtre jusqu'à Toulouse. Les auteurs espagnols qui ont revendiqué pour leur patrie la gloire d'avoir donné le jour à ces saintes ont plutôt consulté, sur ce point, les désirs de leur piété que les règles d'une judicieuse critique : M. l'abbé Salvan a accueilli et rapporté cette tradition, avec une faveur trop marquée, dans son *Histoire Générale de l'Eglise de Toulouse* (1). Dans le fond, il n'existe aucune preuve, aucun texte à l'appui de cette opinion. Guillaume de Catel l'a bien relatée dans ses *Mémoires* (2), mais il n'attribue à ce sentiment aucune autorité, ou, si l'on veut, il ne se fait point juge de sa valeur. Du reste l'ancien lectionnaire (3), où il a puisé ce renseignement, ne pourrait, en aucun cas, infirmer le témoignage de Venance Fortunat qui est formel. Or ce dernier document, qui a, sur le lectionnaire mentionné par Guillaume de Catel, le double avantage d'une plus haute antiquité et d'une provenance connue et très respectable, loin de laisser supposer que

(1) L'ABBÉ SALVAN. *Histoire générale de Toulouse*, tom. I, p. 140-151.

(2) GUILL. DE CATEL. *Mémoires de l'Histoire du Languedoc*, p. 821. Toulouse 1633.

(3) Sans doute l'ancien lectionnaire dont parle Guillaume de Catel, était celui qu'avait légué par testament à l'église Saint-Etienne, en 960, Hugues, évêque de Toulouse.

les saintes Puelles aient été deux sœurs, affirme au contraire, en termes positifs, que l'une des deux fut la maîtresse de l'autre.

J'ignore également quels motifs ont déterminé M. le Chevalier du Mège à dire que les saintes Puelles étaient nées au bourg de Récaudum qui plus tard a porté leur nom (1). Les auteurs de l'*Histoire générale de Languedoc* n'ont écrit rien de semblable. Voici les quelques lignes qu'ils ont consacrées à notre sujet :

« Deux femmes chrétiennes, dont l'une était
« servante de l'autre, recueillirent avec joie les
« membres dispersés de ce saint martyr (saint
« Saturnin), les enfermèrent dans un cercueil et
« les enterrèrent dans une fosse très-profonde
« pour les dérober à la connaissance des païens,
« qui, selon Tertullien, déterraient quelquefois
« les corps des chrétiens. On croit que ces deux
« pieuses femmes sont celles qu'on honore à
« Toulouse et dans le diocèse sous le nom de
« *saintes Puelles :* nom que porte encore aujour-
« d'hui une petite ville de Lauragais, située dans
« l'ancien diocèse de Toulouse, où elles furent
« peut-être enterrées (2). »

(1) *Additions et notes* du liv. III de l'*Histoire générale de Languedoc*, p. M. Du Mège, note 12, p. 237, édit. Paya. 1840.

(2) *Histoire générale de Languedoc*, tom. I, 2e partie, liv. III, p. 338, édit. Privat.

Sans doute M. le Chevalier du Mège a pris le
lieu de la mort des saintes Puelles pour le lieu de
leur naissance. N'aurait-il pas été la victime d'une
étrange méprise et n'aurait-il pas traduit par le
mot *naissance* le *natalis* de quelque martyrologe?
Pour ma part, je ne crois pas, jusqu'à plus ample
information, qu'on puisse leur assigner d'autre
lieu d'origine que la cité même de Toulouse.

IV. -- Leur nom.

Le nom propre de ces vierges courageuses est
plus incertain que leur patrie. Disons plutôt qu'il
nous est inconnu et qu'il ne nous sera révélé que
dans le ciel. Les *Acta sincera* de D. Thierry
Ruinart les désignent simplement par cette appellation : *Deux faibles femmes, duæ mulierculæ.*
Le manuscrit de la bibliothèque Riccardi de
Florence et les offices propres en usage au chapitre abbatial de saint Sernin, avant 93, disent :
Deux femmes, duæ mulieres. La légende du
Bréviaire de saint Papoul leur donne le nom de
Puelles qui leur a été attribué par une tradition
de plusieurs siècles. Il serait difficile de déterminer l'époque qui vit éclore ce dernier nom.
Mais je crois qu'on peut le considérer comme un
héritage qui a été conservé par la mémoire tenace
du peuple et transmis fidèlement d'âge en âge
depuis les premiers siècles jusqu'à nous. Il convient d'observer toutefois que cette appellation

n'est point leur nom générique. C'est une quali-
fication qui exprime l'état glorieux qu'elles ont
librement choisi et dans lequel elles ont voulu
vivre par amour de Jésus-Christ et de la vertu.
Quelle est sa signification?

Le mot *Puella*, *Puelle*, dans le sens vulgaire
et profane, signifie *fille, jeune femme*. Mais le
christianisme, dans la langue qu'il créa, attacha,
semble-t-il, de bonne heure, à ce mot, un sens
plus élevé. En donnant de ce mot une interprétation nouvelle, je ne vise pas à établir une théorie
singulière. Je ne songe point davantage à me
forger de vaines idées pour le seul plaisir de soutenir une opinion caduque et sans fondement.
C'est la connaissance des textes que je cite et des
monuments que je produits qui m'a fait regarder
le mot *Puella* comme l'une des expressions em-
ployées aux premiers siècles de l'Eglise, pour
désigner les *Vierges consacrées à Dieu*.

C'est dans cette acception que Tertullien a pris
le mot *Puella*, *Puelle*, quand il a dit des jeunes
filles qui se vouaient au Seigneur par une oblation
formelle: « Elles attachent plus de prix à la
« sainteté qu'à des maris; elles aiment mieux
« devenir les épouses de Dieu. Belles pour Dieu,
« elles sont vierges pour Lui. *Deo speciosæ*,
« *Deo sunt Puellæ*. Elles vivent avec Lui, elles
« s'entretiennent avec Lui; jour et nuit, elles
« jouissent de son commerce divin. Elles lui

« apportent comme dot leurs prières..... Déjà,
« dès cette terre, en se dégageant des liens de
« la chair, elles appartiennent à la famille des
« Anges (1). »

Saint Ambroise, au commencement du livre III,
des Vierges, donne au mot *Puella* la même
signification, quand, au sujet de la profession de
virginité, faite par Marcelline, sa sœur aînée,
entre les mains du pape Libère, il dit: « Le jour
« de la naissance du Sauveur, dans l'église de
« Saint-Pierre, vous avez ouvertement professé
« la virginité par le changement de vos habits,
« en présence d'un grand nombre de Vierges
« consacrées à Dieu, qui toutes se montraient
« jalouses de votre société. *Atque adstantibus*
« Puellis Dei *compluribus quæ certarent invi-*
« *cem de tua societate* (2). »

C'est dans le même sens qu'a été traduit le

(1) Tertullien.. *Ad Uxor*, lib. I, 4. — Sans doute
M. l'abbé Baunard n'a pas saisi le sens du mot *Deo sunt
Puellæ* puisqu'il l'a traduit dans son livre de l'*Apôtre
saint Jean*, p. 288 par ces paroles: *N'être jeunes que
pour Dieu.* Il me semble qu'il eût mieux fait d'accepter
simplement la traduction donnée par M. le comte de
Champagny dans les *Antonins*, tom. I, p. 207, dont il
s'est d'ailleurs manifestement inspiré en plusieurs endroits.

(2) Selvaggio. *Ant. Christ. Inst.*, lib. I, p. II, c. XIV,
p. 362, édit. Patav. — L'abbé Martigny. *Dictionnaire
des Ant. Chrét.*, p. 664.

second vers de l'hymne où Prudence a célébré la
passion de sainte Agnès, vierge et martyre.

« *Agnes sepulcrum est Romulea in domo*
« *Fortis* PUELLÆ *martyris inclytæ.* »
Agnès, la vierge forte et l'illustre martyre
Orne de son tombeau les murs de Romulus (1).

La science de l'épigraphie vient consacrer notre
interprétation du mot *Puella*.

L'on sait que l'Eglise de Jésus-Christ, dès son
berceau, eut une troupe florissante de jeunes filles
choisies, qui, méprisant les charmes et les vanités
du monde, ont marché sur les traces de l'Imma-
culée Mère de Dieu, en gardant la virginité (2).
Pour ne citer que quelques exemples, Dom Guéranger a montré que sainte Pétronilla, qui ne
fut point, comme on l'a cru, la fille du prince des
Apôtres, et sainte Domitille, *Flavia Domitilla*,
reçurent, l'une des mains de saint Pierre, et l'autre,
des mains de saint Clément, le voile de la consécration virginale (3). C'est ainsi encore, s'il faut
accepter l'interprétation donnée à la célèbre fres-
que du cimetière de Priscille, que dans la première moitié du deuxième siècle, le pape Pie Ier

(1) C. WISEMAN. *Fabiola*, 2ᵉ partie, c. XXXIV. —
BARTOLINI. *Actes du martyre de sainte Agnès*, p. 283.
(2) BARTOLINI. *Actes du martyre de sainte Agnès*,
p. 266. — MARTIGNY. *Diction. des Ant. Chrét.*, p. 662.
(3) D. GUÉRANGER. *Sainte Cécile et la Société Romaine.*

aurait imposé à sainte Praxède, en présence de saint Pasteur son frère, le *flammeum* des Vierges (1). D'ailleurs les découvertes de l'archéologie chrétienne, poursuivies, dans les catacombes, avec tant de génie et d'ardeur, ont fait jaillir autour de ce point, si savamment traité par les Thomassin et les Martène, une nouvelle et vive lumière (2). Il est vrai que les inscriptions funèbres des premiers siècles rendent un éclatant témoignage à l'antiquité de la vie religieuse, de la virginité, consacrée à Dieu par des vœux irrévocables et pratiquée comme état, comme une profession sainte. En une semblable matière, Mgr Gerbet me servira encore de guide, et quoique je puise à d'autres sources, sa science ici me sera d'un grand secours. — « Le titre de *Vierge*, « dit-il, se trouve consigné dans les épitaphes, « tantôt sans l'addition d'un autre titre, tantôt « avec addition. Dans le premier cas, les inscrip- « tions témoignent seulement du respect pour la « virginité. Elle avait déjà été en honneur chez « les anciens Romains et l'on trouve quelquefois « ce titre de *Vierge* dans leurs épitaphes. Ce « sentiment fut porté à un plus haut degré chez

(1) BARTOLINI, MARTIGNY, Mgr GERBET dans les ouvrages souvent cités.
(2) THOMASSIN. *Ancienne et nouvelle discipline de l'Église*, tom. I, p. I, liv. I, c. L. — D. MARTÈNE. *De Antiquis Ecclesiæ ritibus*, tom. II, lib. II, c. VI.

« les chrétiens; le panégyrique de la virginité
« par saint Paul aurait suffi lui seul pour inspirer
« cette vénération. Mais il y a d'autres épitaphes
« qui ont quelque chose de plus caractéristique :
« le titre de *Vierge* y est joint à un autre titre et
« leur réunion exprime non pas seulement la
« virginité, mais la virginité consacrée à Dieu (1). »

Telles sont les épitaphes dans lesquelles se
trouvent unies au mot *Vierge*, les dénominations
suivantes : *Virgo devota*, Vierge vouée ; *Virgo
dicata*, Vierge consacrée ; *Virgo benedicta*,
Vierge bénie ; *Virgo Deo sacrata*, *Christo
dicata*, Vierge consacrée à Dieu, au Christ ;
Virgo Dei, Vierge de Dieu ; *Ancilla Christi*,
Ancilla Dei, servante de Dieu, du Christ; *Sponsa
Christi*, épouse du Christ (2).

Le titre de *Servante de Dieu* était plus particulièrement le nom propre des religieuses. Il
comprenait aussi quelquefois les *veuves* qui
avaient renoncé au monde.

Enfin, pour en venir à mon sujet, je crois que,
dans les monuments de l'épigraphie chrétienne,
l'on peut attacher le sens de *Vierge consacrée*, à
la dénomination de *Puella*, surtout quand elle se

(1) Mgr GERBET. *Esquisse*....., tom. I, 205-207.

(2) Mgr GERBET. Ibid., c. IX. — BARTOLINI. *Actes
du martyre de sainte Agnès*, p. 110-112. — MARTIGNY.
Dict. des Ant. chrét, p. 662-663.

trouve unie au mot *Vierge* et au mot *Dieu*: *Virgo puella, puella Dei*.

Il n'y a point de doute pour les deux inscriptions citées par M. Ed. Le Blant (1) :

PVELLA DEI HILARITAS
LEA DEVOTANS DEO PVELLA.

D'après l'illustre membre de l'Institut, nous aurions, dans ces deux inscriptions, les deux formes de la consécration religieuse usitées aux deux premiers siècles de l'Eglise. Dans le premier cas, ce serait la consécration proprement dite que les Vierges recevaient de la main de l'évêque, à qui seul appartenait le droit de la donner avec l'imposition du voile, ou la profession religieuse, dans le sens que l'Eglise y attache. Dans le second cas, ce serait la première consécration qui se réduisait à une simple promesse de vie virginale, à une espèce de noviciat (2).

Si l'auteur de ces deux inscriptions ne s'est point inspiré des passages de Tertullien et de

(1) LE BLANT. *Inscriptions chrétiennes de la Gaule*, I, p. 366.
(2) D. MARTÈNE. *De Antiq. eccl. rit.*, tom. II, lib. II, c. IV. — THOMASSIN. *Anc. et nouv. disc.*, tom. I, p. I, lib. I, c L. — SELVAGGIO. *Ant. Christ. Inst.*, lib I, p. I, lib. XIV.

saint Ambroise, cités plus haut, il est manifeste
que le sens de *Vierge consacrée* donné au mot
puella était un sens connu et admis.

Après ce que nous venons de dire, je ne crois
pas qu'il soit téméraire d'attribuer cette signification de *Vierge consacrée* au mot *puella* quand
cette dénomination est immédiatement précédée ou
suivie du mot *Vierge, virgo*, comme dans les inscriptions suivantes :

I.

ZENVARIA BIRGO PVELLA QVE
VIXIT ANNOS XVIIII. MES. DVO. D. XXVII. OR. IIII

(Citée par Mgr GERBET, *Esquisse de Rome chrétienne;*
d'après LUPI, *Epit. Sev.*, p. 37 et MURATORI, *Veter.
Inscrip.*, tom. IV).

  « Zénuaria vierge consacrée qui
« a vécu XVIIII ans, deux mois, XXVII jours,
« IIII heures. »

II.

PRIE IVN PAVSA
BET PRAETIOSA
ANNORVM PVLLA
VIRGO XII TANTVM
AMCILLA DEI ET $\overline{XPI}$
FL VINCENTIO ET
FRAVITO. $\overline{VC}$. CONSS

(DE ROSSI. *Insc. Christ.*, vol. I, p. 214, n° 497).

« La veille du premier juin cessa
de vivre Pretiosa *Puella*
Vierge (consacrée) de seulement douze ans
Servante de Dieu et du Christ
Sous Vincentius et
Fravitus v. très-illustres consuls. »

Dans cette précieuse inscription, qui tomba
entre les mains du chevalier de Rossi, pendant
que l'on déblayait la cripte insigne de saint Cor-
neille, des éboulements et des décombres qui
l'obstruaient, le sens des mots *Puella virgo* est
déterminé de la manière la plus précise par les
deux mots qui suivent, *Ancilla Dei et Christi.*

III.

BENE MERENTI L
AVRENTIE PVEL
LE VIRGINI PARE
NTES QVE VIXIT
ANN IIII ME IIIII IN PACE
DIE IIII IDVS AVGVSTAS

(Perret. *Catacombes*, pl. lxiv. 3.)

A Aurentia qui a bien mérité
Vierge consacrée qui a vécu
iiii ans, iiiii mois les parents ont fait (ce monument)

Je n'hésite point à citer à l'appui de mon sentiment cette inscription quoiqu'elle soit dédiée à
une jeune fille de quatre ans et quelques mois.
Le lecteur n'en sera point surpris, s'il veut bien
considérer qu'au témoignage des auteurs les plus
versés dans la connaissance des antiquités chrétiennes, des parents pieux, aux premiers siècles
de l'Eglise, vouaient leurs enfants à la virginité,
dès l'âge le plus tendre. Ceux dont les épitaphes
portent une mention si extraordinaire étaient ce
que l'on a depuis appelé *des oblats* (1).

Je serais encore porté à donner le sens de *Vierge
consacrée* au mot *Puella* employé sans addition
dans certaines autres inscriptions que je m'abstiens
de reproduire pour ne pas fatiguer le lecteur (2).

Le mot Puella a aussi été employé dans le
moyen-âge pour désigner les vierges qui avaient
embrassé la vie religieuse et le cloître même, le
monastère est souvent appelé, dans les actes de
l'époque, *Puellare, monasterium puellarum*(3).

(1) MARTIGNY. *Diction. des Ant. chrét.*, p. 663. — D.
MARTÈNE. *De Antiq. eccles. rit.*, tom. II, lib. II, c. v,
2ᵉ édit in-fᵒ. Antuerpiæ, 1736. — THOMASSIN. *Ancienne
et nouvelle discipline de l'Eglise*, tom. I, p. I, liv. I,
c. L, in-fᵒ. Paris, 1679.

(2) PERRET. *Catacombes*, pl. XLI, 5. — DE ROSSI.
Inscript. christ., vol. I, p. 108, nᵒ 210. An. 369. —
Ibid. p. 198, nᵒ 454.

(3) DU CANGE. *Gloss.*, tom. v, édit. Didot, 1845. Au
mot Puella.

Tel est, selon mon humble opinion, que je livre et soumets à l'appréciation des érudits et de plus savants que moi, le sens traditionnel et chrétien du mot *Puelle, Puella.* Cette explication, que l'on peut, semble-t-il, accepter dans toute son étendue, devient pour nous une véritable révélation. Elle nous introduit dans l'intime fond de la vie des saintes Puelles, qui jusqu'ici avait été pour nous un mystère. Nous ne devons plus regretter d'ignorer le propre nom, le nom véritable de ces illustres Vierges. Il nous est même permis d'entrevoir, de conjecturer, par quel secret dessein, le Seigneur a laissé se perdre et tomber dans l'oubli leur nom générique. Dieu n'a point voulu que la postérité conservât le souvenir de leur condition première, et, par l'effet de cette disposition divine, les saintes Puelles s'offrent à notre vénération dans l'unique et pur éclat de leur nouvelle vie. Quelle est la gloire humaine qui ne s'efface devant le vif resplendissement de la sainte virginité ?

Ayant donc pénétré le sens véritable du nom qu'elles portent, nous savons que les saintes Puelles eurent l'âme magnanime, que leurs aspirations ne se bornèrent point à une vertu vulgaire, qu'elles regardèrent comme une gloire de marcher dans ce chaste sentier que le Verbe incarné avait choisi pour sa sainte Mère et à l'extrémité duquel elles devaient être reçues dans les rangs de cette légion d'élite qui suit l'Agneau

partout où il va, enfin que renonçant à tous les
plaisirs terrestres, elles sollicitèrent et reçurent,
des mains de saint Saturnin, le costume sombre
et le voile des Vierges. Ces déductions ne sont ni
imaginaires, ni forcées. Elles ressortent naturellement du nom même de *Puelle* où elles
étaient comme enveloppées. On le voit, ce nom
qui paraissait étrange ne manque point de beauté.
Il brille au front des Vierges à qui s'adresse notre
culte comme une auréole lumineuse, comme un
joyau d'inestimable prix.

C'est dans le même sens, qu'on appelle, en certains lieux, et particulièrement dans notre région,
les *saintes Puelles* du simple nom de *Saintes*.
M. le comte de Champagny dont la science, en
de semblables matières, est si étendue, a fort
bien remarqué que le nom de *Saint, Sainte* était
consacré dans la primitive Eglise pour désigner
les Vierges. « C'était, dit-il, dans toutes les égli-
« ses, dans toutes les cités, dans presque toutes
« les familles des *saints* et des *saintes*, des
« *frères* et des *sœurs,* comme on les appelait,
« séparés des autres par le célibat ou par la
« viduité, et formant au-dessus des *fidèles*, des
« chrétiens mariés, comme un ordre distinct et
« plus élevé, peut-être aussi nombreux (1). »

(1 *Les Antonins*, tom. 1, p. 208.

V. — Leurs Vertus.

Les saintes Puelles firent partie de cette phalange d'élite. Elles furent, dans toute la rigueur du mot, des *consacrées*, des *séparées*, consacrées à Dieu par l'acte pontifical de l'imposition du voile, séparées du péché et du contact corrupteur du monde et supérieures au monde, s'essayant, dès ici-bas, par le retranchement de toute joie terrestre, à l'éternel et pur tressaillement, au commerce divin qui fait la vie des cieux (1).

Telles sont les idées, les chastes images que doit faire naître en nos esprits le sens maintenant dévoilé de leur nom. Ainsi le principal caractère des saintes Puelles, leur titre de gloire, leur grandeur est, aux yeux de la Foi, d'avoir été Vierges et d'être devenues par un libre choix les épouses de Jésus-Christ. Mais j'ai hâte de dire que la virginité ne demeure pas isolée dans une âme. Elle participe au privilége de la charité dont elle est la fille. Comme elle, la virginité, quand elle est parfaite, est suivie de tout un cortége de

(1) Pour apprécier l'élévation, la grandeur, la beauté de l'état librement choisi par les saintes Puelles, il faut lire dans le magnifique ouvrage : *De la Vie et des Vertus chrétiennes*, par M. L'ABBÉ CH. GAY, la deuxième partie du traité de l'*Etat religieux*, p. 88-105, tom. I, 2ᵉ édit. in-8°.

vertus. Elle développe surtout dans ses disciples les sentiments généreux. Elle leur communique une rare énergie, une vigueur invincible. Elle rend l'âme magnanime et nous verrons que les saintes Puelles poussèrent ce courage qui procède de la virginité jusqu'à l'héroïsme.

CHAPITRE V.

—

I. — Genre de vie des saintes Puelles.

Les droits de la vérité et de la saine critique ne
nous permettent pas, nous l'avons déjà dit, de
revendiquer, pour l'interprétation du mot *Puella*,
donnée dans le chapitre précédent, une certitude
absolue. Cependant je ne crois point qu'il soit
téméraire de lui attribuer une assez grande probabilité, ni qu'il soit hors de propos de tirer de ce
sens particulier la lumière nécessaire pour rendre
nos explications plus complètes. Si l'on admet,
d'après les autorités citées plus haut, que les
saintes Puelles ont reçu des mains de saint Saturnin le *flammeum virginale*, le voile sacré des
Vierges, tout le détail de leur vie se révèle à nos
yeux. Nous pouvons, en quelque manière, nous

introduire jusque dans leur intérieur, suivre
l'ordre entier de leur journée, contempler leurs
actions saintes, saisir leurs pensées, connaître
leurs sentiments. Il n'est pas jusqu'à la forme et
la disposition de leurs habits que nous ne puissions décrire.

Nous savons en effet, par les témoignages de
l'antiquité chrétienne, qu'une fois consacrées à
Dieu, par le libre choix de leur volonté et par
l'imposition du voile, qu'une fois admises au
nombre des Vierges, *dans cette portion plus
illustre du troupeau de Jésus-Christ* (1), les
saintes Puelles durent renoncer à toute vanité, à
toute recherche humaine, à tout ornement frivole
et mondain. Sans aucun doute, elles revêtirent
avec un amour respectueux, avec cette joie qui
produit de si douces larmes au cœur de nos religieuses, avec ce tremblement qui les agite, au jour
de leur vêture, le modeste costume des *consacrées*,
l'humble mais précieuse livrée des servantes de
Dieu, des épouses de Jésus-Christ.

Ce n'est pas une consolation médiocre de pouvoir, à l'aide des monuments conservés dans les
annales de l'Eglise primitive, nous former à
nous-mêmes comme leur portrait et leur image
et de les contempler avec leur large et sombre
tunique et leur ceinture de laine, les cheveux à

(1) S. Cyp. *De discip. et habitu virg.*, c. II.

la nazaréenne, le voile ouvert et retenu au sommet de leurs fronts par la bande de la *mitrelle*, qui en était le complément, et tombant ensuite sur leurs épaules pour protéger leur modestie (1). Mais comme les Vierges chrétiennes ne se contentaient point d'être voilées pour satisfaire aux légitimes exigences de leur vertu de choix, les saintes Puelles, en tout fidèles à leur vocation, vécurent loin des regards et de la conversation des hommes. Cet éloignement du monde, cette sorte de clôture, qui semble plus libre et plus volontaire que la clôture de nos jours, n'en était pas moins une loi rigoureuse de leur état (2).

Dans cette solitude, les saintes Puelles remplirent avec un soin jaloux les divers offices de leur

(1) Mgr GERBET. *Esquisse de Rome chrét.*, tom. II, p. 210. — L'ABBÉ MARTIGNY. *Diction. des Ant. chrét.*, p. 277, 662, 663.

(2) Les légendes de saint Saturnin extraites des archives de la maison de Ville de Toulouse, qui avaient sans doute fait dire à Lafaille que l'une de nos saintes était la vierge Austris, fille de Marcellus, rapportent « que celle-ci, après « son baptême, aurait obtenu de vivre dans la solitude « et que son père lui aurait fait bâtir une maison de plai- « sance au-delà du fleuve de Garonne, au lieu des « Ardennes, où se trouvait une grande quantité d'eau et « où Marcelle avait ses bains, donjons royaux, théâtres et « amphithéâtres. » (L'ABBÉ SALVAN, *Histoire générale de Toulouse*, tom. I, p 141.

condition. La prière, le jeûne, le traval des mains, le chant des hymnes et des psaumes partagèrent leurs journées, et elles surent, par leur foi et par les exemples de leur sainte vie, encourager, soutenir, exciter les premiers fidèles que saint Sernin avait engendrés à Jésus-Christ (1). L'état de fortune où elles se trouvaient et qui est assez connu leur permit non-seulement de n'être point à charge à l'Eglise, mais de concourir par leurs largesses à l'entretien des autres vierges et des autres chrétiens. La générosité est peut-être le trait du caractère des saintes Puelles que la tradition a le mieux conservé. Tel fut le genre de vie que ces illustres Vierges pratiquèrent pendant plusieurs années à Toulouse (2).

II. — Troubles suscités contre les chrétiens de Toulouse.

La prière rend l'âme forte. Les saintes Puelles puisèrent, dans l'habitude du contact avec Dieu, un courage, une énergie invincibles. L'occasion de les déployer ne tarda point à s'offrir.

Le premier noyau des fidèles s'était constitué à Toulouse sans entraves. Soit qu'elle fut ignorée,

(1) MARTIGNY. *Dict. des Ant. chr, loco citato.* — *Bréviaire de saint Papoul, off. des saintes Puelles hymn.*

(2) Pendant huit ou dix ans, s'il est vrai que l'apostolat de saint Sernin dans la Novempopulanie ait duré sept ans. (L'ABBÉ LATOU, *Vie de saint Saturnin.* p. 215.)

soit qu'elle fut méprisée des païens fanatiques, la foi chrétienne jouit d'abord de la paix et de la liberté et elle fit dans la cité des progrès considérables. Même cette tranquillité parut assez assurée à saint Saturnin pour qu'il songeât à étendre le christianisme dans d'autres régions ; et, cédant à l'élan de son infatigable charité, le prélat intrépide, qu'aucune difficulté ne pouvait décourager, qu'aucune crainte ne pouvait retenir, quand il s'agissait de faire goûter aux nations le vin nouveau de la céleste doctrine, alla d'un pas ferme et rapide porter le nom de Jésus-Christ au pays des Elusates et jusques à Pampelune et dans tout le nord de l'Espagne (1).

Mais l'infernal artisan de la révolte et du trouble ne devait pas longtemps souffrir que l'Eglise de Toulouse jouît de cette paix. Il souleva une première sédition contre saint Papoul, à qui saint

(1) L'ABBÉ SALVAN. *Histoire générale de Toulouse,* tom. I, p. 149-150. — CATEL. *Mémoires de l'Histoire du Languedoc,* p. 820. — DU ROZOI et LAFAILLE. *Annales de Toulouse,* tom. I. *Histoire générale de Languedoc,* liv. III, p. 336, édit. Privat.

Eause, autrefois Elusa, a été pendant longtemps le siége d'un archevêché. Cette ville ayant été presque détruite vers le IXe siècle, le siége archiépiscopal fut transféré à Auch. Eause, ancienne capitale de la Novempopulanie est aujourd'hui un simple chef-lieu de canton (Gers). (ABBÉ LATOU. *Vie de saint Saturnin,* p. 223).

Saturnin avait confié le soin du troupeau pendant son absence, et le Disciple, en ceci plus heureux que le Maître, donna le premier sa vie pour la foi. Il conquit dans l'exercice même de son apostolat la palme du martyre, « au lieu qui porte aujour- « d'hui son nom, dans l'ancien diocèse de Tou- « louse. On y fonda depuis une abbaye de l'ordre « de saint Benoît, qui fut érigée en évêché au « quatorzième siècle , sous le pontificat de « Jean XXII. Le chef de saint Papoul y est pré- « cieusement conservé ; le reste des reliques de « ce saint repose dans l'église de Saint-Sernin à « Toulouse (1). » L'on a dit cent fois et personne n'ignore que la tombe d'un martyr sert toujours de berceau à une église nouvelle et Tertullien ne faisait qu'affirmer un fait historique quand il déclarait que le sang répandu pour la foi est une semence féconde de chrétiens.

Saint Saturnin ne tarda pas à être instruit de cette mort glorieuse. Le saint Prélat, qui, par ses larmes et ses prières, ses prédications et ses labeurs, avait soumis au joug de Jésus-Christ tout un grand peuple et en avait fait l'ennemi, *le dévastateur magnifique des idoles, idolorum devastator egregius,* voyant que les fruits de la moisson nouvelle, inondés par la rosée de la grâce divine, non seulement s'élevaient et se déve-

(1) *Histoire générale de Languedoc,* tom. I, liv. III, XLVII, p. 339, édit. Privat.

loppaient par un progrès merveilleux, mais encore
jetaient de toutes parts des germes nombreux de
la semence céleste, confia au prêtre Honestus le
ministère de la parole évangélique, il fit à tous
ses adieux, et, justement ému des périls que pouvait courir son église, il revint en toute hâte à
Toulouse (1).

Certains auteurs rapportent encore « qu'avant
« de rentrer dans sa ville épiscopale, il établit au
« pays des *Convenœ* une église qu'il dédia, dit-on,
« à la sainte Vierge et à l'apôtre saint Pierre, ainsi
« qu'il l'avait déjà fait chez les Elusates (2). »

Le retour de saint Saturnin réjouit les fidèles
de Toulouse; sa présence releva leur courage.
L'imminence du péril et la vue des dangers pro-
chains mirent dans l'âme de l'Apôtre une ardeur
nouvelle. Ses forces semblèrent redoubler chaque
jour et s'accroître de plus en plus. Déployant tout
son zèle, il multiplia ses travaux comme pour se
préparer et s'animer au combat. L'action de sa
foi et de ses vertus fut de nouveau marquée par
d'éclatants prodiges. Les démons qui étaient
adorés dans la cité furent muets et ne rendirent
plus d'oracles. Leurs fictions furent dévoilées, leurs
artifices découverts, leurs fourberies déjouées et

(1) *Passion de saint Saturnin*, manuscrit Riccardi de
Florence.

(2) SALVAN. *Hist. gén. de Toulouse*, tom. 1, p. 149.

toute leur puissance déclinant sans cesse tombait
en ruine, tandis que chaque jour la foi des chrétiens faisait de nouveaux progrès (1).

III. — Martyre de saint Saturnin.

« Les conquêtes de ce fécond apostolat excitè-
« rent la haine des ennemis du christianisme qui
« résolurent de le mettre à mort. Ce projet sacri-
« lége reçut bientôt son exécution (2). » Le saint
évêque passait tous les jours devant le Capitole
pour se rendre de la maison qu'il habitait au modeste oratoire qu'il avait élevé. Un jour donc que
ce Pontife passait devant le temple de Jupiter, une
foule de païens, animée par l'esprit infernal et
ameutée par les prêtres des idoles, se précipite
sur lui.

« Le voilà, s'écrie-t-on de toutes parts, l'en-
« nemi de notre religion, le chef de la secte
« nouvelle! Il ose prêcher la destruction de nos
« temples! Il appelle nos dieux des démons!
« C'est sa présence qui impose silence à nos ora-
« cles! Puisqu'un destin favorable nous ménage
« l'occasion de lui faire subir la fin qu'il mérite,
« vengeons notre injure et celle de nos dieux.
« Sans retard et sous notre étreinte, il faut ou
« qu'il les apaise par un sacrifice ou qu'il les

(1) *Actes de saint Saturnin.*
(2) SALVAN, tom. I, p. 130-150.

« réjouisse par sa mort. *Quibus jam nunc,*
« *compellentibus nobis, aut sacrificando pla-*
« *ceat, aut moriendo lœtificet* (1). »

Surexcitée par ces cris sacriléges, la foule entre
en fureur, entoure en masse le saint évèque et
l'accable de coups. Le prètre et les deux diacres
qui l'accompagnent prennent la fuite. Il est seul
traîné au Capitole. Comme on veut le faire sacrifier aux démons : « Je ne connais, dit-il d'une
« voix haute et ferme, qu'un seul et véritable
« Dieu. C'est à lui seul que j'immole des louanges
« et des victimes. Vos dieux sont des démons, je
« le sais ; et vous les honorez bien plus, mais en
« vain, par la perte de vos àmes que par l'immo-
« lation de vos troupeaux. Comment voulez-vous
« que je craigne ceux qui, de votre propre aveu,
« tremblent devant moi. »

A ces mots, le tumulte est à son comble. Un
taureau était prèt pour le sacrifice. On lui passe
autour des flancs une corde que l'on rejette assez
loin derrière la victime et qui doit servir d'instru-
ment à la cruauté. L'on attache à l'extrémité de
ces liens flottants les pieds sacrés du saint évèque, et le taureau, mis en fureur par de rudes
coups d'aiguillon, se précipite du haut des degrés

(1) Pour tous les détails de ce récit, l'on a consulté
les *Actes de saint Saturnin*, l'*Histoire générale de Languedoc*, l'*Histoire générale de Toulouse*, la *Vie de saint
Saturnin*, déjà cités.

du Capitole dans la plaine. Dans cette chûte, la
tête de saint Saturnin est brisée contre les mar-
ches mêmes du temple et son cerveau répandu.
Le martyr rend son âme à Dieu. Après avoir
secoué en tout sens et mis en pièces le corps du
saint, le taureau rompt la corde qui le tient attaché et les restes sanglants de saint Saturnin sont
abandonnés, sans sépulture, sur la voie publique,
et demeurent exposés à l'injure des passants et
à l'ignoble voracité des animaux, « en cet endroit
« où on a bâti depuis une église qu'on appela *du*
« *Taur* ou *du Taureau (de Tauro)* en mémoire
« de cet événement (1). »

(1) Les notes qui ont été insérées dans les chapitres IIe
et IIIe de ce livre étaient rédigées lorsque parut dans le
journal l'*Univers*, feuilleton du 6 mai, sous le titre :
Quelques livres, n° 10, une critique des procédés employés par les annotateurs de la nouvelle édition de
l'*Histoire générale de Languedoc* et en particulier par
M. Em. Mabille. Ce travail, dans lequel éclataient tour à tour
les qualités d'un maître en histoire et dans l'art d'écrire:
un ferme bon sens, des jugements dictés par une haute
sagesse, une juste appréciation des mérites et, çà et là, une
raillerie fine et les redoutables traits de l'esprit gaulois,
était dû à la plume habile de M. Léon Aubineau. — Je
n'avais pas combattu moi-même M. Mabille sans une certaine
appréhension. L'étude de l'éminent publiciste m'inspira de
la confiance. Il faut espérer que l'examen des annotations
ajoutées à la nouvelle édition de l'*Histoire générale de
Languedoc*, fournira, quelque jour, à l'un ces savant

IV. — Dévouement héroïque des S.S. Puelles.

« Illustres Vierges, Saintes Puelles, pour vous,
« le moment est venu de déployer votre courage :

rédacteurs de la *Revue des questions historiques*, l'occasion de rectifier les nombreuses erreurs laissées ou introduites dans un ouvrage d'une si haute valeur et dont la publication impose à l'éditeur de si lourds sacrifices. Je dois dire cependant que je n'entends méconnaître ni le talent, ni la science de l'annotateur que j'ai entrepris de combattre, et si quelque terme ou trop vif, ou inconsidéré, ou blessant pour sa mémoire, s'était glissé dans ces pages, je déclare qu'il n'est pas dans mon intention de le maintenir.

Je voudrais même admettre sur le témoignage de M. Léon Aubineau que « le culte de l'Académie des Ins-« criptions et Belles-Lettres, en égarant l'annotateur, « n'avait pas gâté la sincérité de son âme, que ce fut sans « hostilité pour la sainte Eglise qu'il écrivit de la sorte et « que pour rien au monde il n'eût voulu la contrister ni « la déprécier. » Mais ma ferme volonté d'être sincère ne me permet pas de déclarer que cette appréciation justifie, à mes yeux, l'esprit qui règne dans les notes de M. Em. Mabille. Celle qui se trouve au tome Ier, liv. III, p. 337, en particulier, laisse trop voir quelles sont les idées préférées de cet auteur. Toujours semble-t-il au moins qu'il affecte un dévouement exagéré pour la cause de la déesse Cybèle et de son culte, dans la vue manifeste d'amoindrir le christianisme. J'espère que l'on ne trouvera point mon langage trop sévère, si l'on veut seulement parcourir les observations que j'ai à présenter touchant la note que je viens de signaler.

« de grands combats vous attendent. La foule
« irritée des Toulousains a frémi et elle n'a point
« permis que ses dieux fussent méprisés. Hélas!
« quelle barbarie! quelle fureur! Votre Père a

TEXTE DE M. E. MABILLE. — « Les Actes de saint
« Sernin sont composés de deux parties : du récit de la
« Passion du saint et d'un court exposé des faits relatifs
« à l'église construite sur son tombeau, par les évêques
« Sylvius et Exupère. Le récit de la passion, qui compose
« la première partie, est un des monuments les plus
« anciens et les plus authentiques de notre histoire. Il a
« été rédigé cinquante ans après le règne de Dèce, en
« l'année 300 de notre ère, ou au plus tard dans les
« premières années du quatrième siècle. C'est là un fait
« que l'étude des manuscrits et l'examen critique du texte
« ont mis hors de doute. »

OBSERVATIONS. — Tel n'est pas sur ce point le sentiment du R. P. D. Chamard à qui je m'estime heureux
d'emprunter ma réponse.

« On a dit et répété que les Actes de saint Saturnin
« sont formés de deux parties différentes, l'une composée
« au IVe siècle, l'autre au commencement du Ve. Et
« quelle preuve apporte-t-on de cette assertion? Une
« seule : la version adoptée par D. Ruinart, laquelle
« porte « ANTE ANNOS L, SICUT *actis publicis, id est*
« *Decio et Grato consulibus,* SICUT *fideli recordatione*
« *retinetur, primum et summum Christi Tolosa civitas*
« *sanctum Saturninum habere cœperat sacerdotem.* »

« Mais si cette version est authentique, il s'ensuit ma-
« nifestement que la première partie de ces Actes a été
« composée l'an 300 de Jésus-Christ, *ante annos L, id est,*

« été saisi par une exécrable bande de satellites,
« attaché avec des cordes à un taureau indompté
« et soumis à une mort horrible; et tandis que le
« Pasteur, devenu le jouet de cette bête furieuse,

« *Decio et Grato consulibus.* Aucun auteur (M. Mabille
« excepté) n'a osé avouer cette conséquence, palpable
« cependant. Elle est, en effet, en contradiction flagrante,
« soit avec les données de l'histoire sur les premières
« rédactions des légendes des saints, soit avec le contexte
« et avec le style de l'écrivain. Si ce dernier a écrit son
« ouvrage en l'an 300, il devait être un contemporain du
« martyre de saint Saturnin. Comment donc ne s'appuie-
« t-il que sur *la tradition des fidèles?* Comment suppose-
« t-il que, à l'époque où il écrivait, les temples des dieux
« n'étaient plus remplis de l'encens offert aux idoles?
« Comment expliquer ces paroles; *Cumque supradicto*
« *episcopo* (Saturnino) *ad ecclesiam* ID TEMPORIS *parvu-*
« *lam..... nam paucis* ID TEMPORIS *christianis?* » Il
« vivait donc à une époque où il y avait dans les Gaules
« un grand nombre de chrétiens, à une époque où une
« *spacieuse basilique* s'élevait sur le tombeau de saint
« Saturnin. Or, la fin du récit des Actes, attribuée à un
« auteur plus récent, nous apprend que cette spacieuse
« basilique commencée par Sylvius, prédécesseur de saint
« Exupère, ne fut terminée et consacrée que par ce dernier
« pontife.
« Etait-il même contemporain de saint Exupère, à qui
« saint Innocent Ier écrivait une de ses lettres décrétales,
« le 20 février 405? Nous ne le pensons pas. Un contem-
« porain n'aurait point dit en parlant de l'évêque de Tou-
« louse: « *Post cujus obitum* SANCTUS *Exuperius;* etc. »

« était traîné à travers les rues de la cité, son
« troupeau timide a pris la fuite. Mais vous, la
« vue de votre Pontife et de son corps déchiré
« vous rend plus intrépides. Ce spectacle excite

« Si nous osions hasarder une opinion nouvelle, nous
« dirions que cette légende, très authentique dans sa
« substance, puisqu'elle est confirmée par Fortunat et
« Sidoine Appollinaire, a été composée à la fin du Ve
« ou au commencement du VIe siècle, peut-être par
« Sidoine Apollinaire lui-même, ce qui expliquerait la
« prédilection marquée de Grégoire de Tours pour la date
« inscrite en tête des manuscrits qu'il possédait. Quoiqu'il
« en soit de cette opinion que nous livrons à l'appréciation
« de plus savants que nous, le texte du manuscrit de
« Grégoire de Tours ne portait pas, ce semble, les
« premiers mots de l'édition de D. Ruinart : *Ante*
« *annos L sicut actis publicis;* mais seulement : SUB
« *Decio el Grato consulibus, sicut fideli recordatione*
« *retinetur.*

« Ce n'est pas tout : nous ne craignons pas de l'affir-
« mer, la date consulaire déjà inscrite dans plusieurs
« manuscrits à l'époque de Grégoire de Tours, n'appar-
« tient certainement pas à la rédaction primitive. Le
« contexte suffit à le prouver. » (V. *Revue des questions
historiques,* octob. 1873, p. 425-427).

Cette citation nous montre jusqu'à quel point M. Mabille
avait le droit de revendiquer pour son opinion une absolue
certitude. Mais poursuivons notre examen.

TEXTE DE M. MABILLE. — « On sait que le culte de
« Cybèle, la grande mère des dieux, originaire de Phrygie,
« s'introduisit dans les Gaules dans la seconde moitié du

« votre foi, si grande, si étonnante pour des
« cœurs de femmes, soutient votre espérance,
« enflamme votre amour et vous inspire le magna-
« nime désir de répandre votre propre sang pour
« Jésus-Christ.

« deuxième siècle. On sait aussi que la vertu mystérieuse
« de ce culte s'exerçait par l'immolation d'un taureau. A
« en juger par le nombre considérable des inscriptions
« tauroboliques qui nous sont parvenues, ce culte prit
« d'abord un rapide essor Au troisième siècle, il avait
« dans la Lyonnaise et dans la Narbonnaise de nombreux
« adhérents et jusqu'à la fin du quatrième siècle on
« constate dans ces provinces la célébration fréquente des
« taurobolies. »

OBSERVATIONS. — L'on peut admettre sans un grand
danger, je pense, ce que M. Mabille avance dans ces
lignes. Seulement nous pouvons constater déjà qu'il n'est
pas bien fixé sur la durée et sur la prospérité du culte de
Cybèle dans la Gaule. Il n'est pas bien sûr lui-même que
la célébration des taurobolies ait été fréquente dans cette
province jusqu'à la fin du quatrième siècle, puisque dans
le même alinéa il dit: « Un peu avant la fin du qua-
« trième siècle, le culte de Cybèle disparaît ; ses temples
« restent déserts et finissent par tomber en ruines. »
J'aurais été curieux, pour ma part, de connaître le sens
précis que M. Mabille attachait à ces mots: Un peu
avant.

TEXTE DE M. MABILLE. — « C'est également vers la
« même époque que des missionnaires, sortis de l'Asie
« Mineure, vinrent dans les Gaules prêcher la religion

« De là vient que les saintes Puelles, dominant
« par la foi la faiblesse de leur sexe, se montrent
« plus courageuses que les hommes mêmes,
« demeurent attachées aux pas de saint Saturnin

« chrétienne et s'établir dans la vallée du Rhône. On
« conçoit que les deux religions, parties pour ainsi dire
« du même point, né purent se développer côte à côte
« sans antagonisme ou du moins sans rivalité. C'est le
« culte de Cybèle qui paraît tout d'abord avoir fait les
« progrès les plus rapides. Au troisième siècle, beaucoup
« de villes où les chrétiens n'avaient encore pu constituer
« d'églises, possédaient un collége de prêtres de Cybèle
« qui accomplissaient publiquement des sacrifices « *pour*
« *le salut et la conservation de l'empereur.* »

OBSERVATIONS. — 1° Quelle est *cette même époque* à
laquelle les missionnaires d'Asie sont venus dans la Gaule?
M. Mabille n'aurait-t-il pas eu recours à une sorte d'artifice pour faire entendre au lecteur que c'était au troisième
siècle et peut-être même au quatrième? La facture de la
note donnerait lieu à ce sens. Or, qui ne sait que les
disciples de saint Polycarpe sont venus dans la Lyonnaise
dans le second siècle? M. Mabille ne pouvait l'ignorer.
Mais si le culte de Cybèle et la religion chrétienne ont
été introduits en Gaule, à la même époque, c'est-à-dire et
toujours selon l'opinion de M. Mabille, *dans la seconde
moitié du deuxième siècle*, si les deux religions rivales
sont entrées en lutte, et si, après un antagonisme de
*cent ans, le christianisme, devenu prépondérant, confondit
le culte de Cybèle dans la réprobation dont il avait
enveloppé tous les cultes établis*, comment l'auteur de la
note s'est-il oublié jusqu'à dire, tantôt que le culte de

« et sont les témoins désolés de son supplice.
« Elles ne craignent ni les menaces des bourreaux
« ni les fureurs des Gentils. Les coups, la prison,
« les fers seraient pour elles des délices. Elles se

Cybèle compte de nombreux adhérents dans la Lyonnaise
et dans la Narbonnaise, *jusqu'à la fin du quatrième siècle,*
et tantôt que ce culte *disparaît un peu avant la fin du
quatrième siècle.* N'avais-je pas raison de rechercher
quel était le sens particulier attaché à ces mots *un peu
avant?* Et encore, si le culte de Cybèle, après cent ans
de luttes avec le Christianisme, tombe en ruine et disparaît, selon tout bon calcul, dans la seconde moitié du
troisième siècle, que deviendra le système imaginé par
M. Mabille pour donner des Actes de saint Saturnin une
interprétation nouvelle?

2° L'on ne peut admettre en second lieu que le culte de
Cybèle et la religion Chrétienne *soient partis pour ainsi
dire du même point,* pour venir en Gaule. Les notes des
chapitres IIe et IIIe ont suffisamment établi que *le flambeau de la Foi s'est avancé sur la Gaule de l'Italie et
non de l'Asie.*

3° Les inscriptions tauroboliques qui nous sont parvenues ne prouvent point qu'au troisième siècle les chrétiens
n'eussent pas pu constituer d'églises dans beaucoup de
villes où quelque collège de prêtres de Cybèle était établi.
Nous savons même que le Christianisme avait jeté de profondes racines dans les villes auxquelles M. Mabille fait
allusion. Dans tous les cas nous pourrions lui opposer les
Actes mêmes de saint Saturnin qui nous montrent une
église parfaitement constituée dans cette ville de Toulouse
où Cybèle aurait possédé son Capitole.

« montrent jusqu'au bout les dignes disciples de
« l'illustre martyr. Anges du ciel, et vous aussi,
« mortels, admirez le grand spectacle que vous
« donne la foi d'une femme. Le cadavre ou plutôt

4° Je ne dois pas faire ressortir ce qu'il y a de forcé à
donner à un *bientôt* une durée de cent ans. Ce *bientôt*
paraîtra bien long.

Mais rien n'égale comme nouveauté l'interprétation que
M. Mabille a donnée du martyre de saint Saturnin. Voici
le texte :

TEXTE DE M. MABILLE. — « Or c'est un des épisodes
« de cette lutte entre les Chrétiens et les adorateurs de
« Cybèle que nous dépeint le récit de la passion de saint
« Sernin. Il faut remarquer, tout d'abord, que ces actes
« ne ressemblent point à beaucoup d'autres. Le saint n'est
« point traîné devant les autorités pour confesser sa foi,
« il ne périt point victime d'une persécution ordonnée
« contre les chrétiens, mais d'une manière toute fortuite
« et dans une émotion populaire excitée par les prêtres
« d'un culte païen : « *Antistites sacrilegæ superstitionis.* »
« Ce culte se célèbre par le sacrifice d'un taureau, « *fuso*
« *cruore taurorum.* » Ce taureau est conduit en pompe
« au temple où il doit être immolé : « *Et omnes, parato*
« *ad victimam tauro.* » circonstances qui toutes peuvent
« s'appliquer à la célébration d'un taurobole. Rappelons-
« nous que le récit nous reporte au milieu du troisième
« siècle. A cette époque la religion chrétienne n'a fait que
« pénétrer à Toulouse, le nombre des fidèles est encore
« peu considérable, tandis que le culte de la mère des
« dieux, introduit plus anciennement, selon toute vrai-
« semblance, y possède de nombreux partisans. »

« les membres épars de l'évêque Saturnin gisent
« sur le sol. Une femme magnanime se lève et
« elle ne permet pas que le corps de l'illustre
« martyr soit profané et foulé aux pieds. Rivali-

OBSERVATIONS. — Donc, selon M. Mabille c'est bien à
la *Bona mater*, de Phrygie, à la déesse Cybèle que le
Capitole de Toulouse était consacré? Comment le savons-
nous? Existe-t-il des textes qui viennent à l'appui de cette
affirmation? Pas précisément. Même l'on doit convenir que
jusqu'à ce jour les historiens, qui se sont occupés du culte
païen pratiqué par les toulousains, au Capitole, ont sou-
tenu un sentiment différent. Sur les témoignages des
auteurs anciens, d'Orose, de Sidoine Appollinaire en
particulier;

E quibus primum mihi psallat hymnus
Qui Tolosatem tenuit cathedram
De gradu summo Capitoliorum
    Præcipitatum.
Quem NEGATOREM JOVIS ET MINERVŒ
Et crucis Christi bona confitentem
Vinxit ad tauri latus injugati
    Plebs furibunda.

                    (Sid. Apoll. l. IX, ép. 16.)

GUILLAUME DE CATEL, *Mémoires de l'Histoire du Languedoc*, p. 818. — DU ROZOI et LAFAILLE, *Annales de
Toulouse*, tom. I. — D. VAISSETE, *Histoire générale de
Languedoc*, tom. I, liv. I, XLV, p. 82 et liv. III, p. 336.
— L'ABBÉ SALVAN, *Histoire générale de Toulouse*, tom. I,
p. 17, et 45-54, nous avaient appris que les toulousains,
au temps de saint Saturnin, adoraient, dans leurs temples,

4

« sant de zèle avec sa maîtresse une servante
« fidèle lui prête son concours et toutes les deux,
« animées d'une sainte audace, recueillent le
« cerveau, et le sang et les membres dispersés du

Apollon de Delphes, Minerve, Jupiter, Diane d'Ephèse, et,
si l'on veut tenir compte des textes de César et de Tacite,
Mercure. Aucun d'eux ne fait mention du culte de Cybèle.

M. Mabille répudie ces autorités, comme si elles
n'avaient pas de valeur à ses yeux. Il met en œuvre un
autre procédé. Il fait, en histoire, de la critique subjective.
Il se livre tout entier à *une lecture attentive des Actes
de saint Sernin dont l'importance n'a pas été jusqu'ici
suffisamment appréciée.* Ce sont ses propres termes. Cet
examen sérieux, approfondi lui a révélé que c'était bien la
déesse Cybèle qui était adorée au Capitole; et pour que
personne n'en doute, lui-même a eu soin de mettre sous
nos yeux les éléments qui l'ont aidé à faire sa découverte.
Voyez plutôt :

1° « Le culte païen qui est pratiqué au Capitole a des
« prêtres et des ministres. » *Antistites sacrilegæ superstitionis.*

2° « Ce culte se célèbre par le sacrifice d'un taureau. »
Fuso cruore taurorum.

3° « Le taureau est conduit en pompe au temple où il
« doit être immolé. » *Et omnes, parato ad victimam
tauro.*

« Toutes circonstances qui peuvent s'appliquer à la célé-
« bration d'un taurobole. »

Cela dit, M. Mabille se trouve fondé à croire et à soutenir qu'il s'agit dans les *Actes de saint Saturnin* d'une
lutte engagée entre les chrétiens et les adorateurs de

« saint évêque, les enveloppent dans des linges,
« les déposent dans un cercueil en bois construit
« à la hâte et les ensevelissent dans une fosse
« profonde pour les soustraire à la profanation des

Cybèle. Véritablement c'est pousser bien loin la fiction et
je ne trouve point que l'on soit autorisé à établir sur un
semblable fondement, toute une théorie, tout un système
historiques. Ne doit-on pas déplorer que de tels moyens
aient été employés dans la nouvelle édition de l'*Histoire
générale de Languedoc*? Cependant l'on aurait tort de
penser que M. Mabille ait simplement songé à se complaire
dans une fiction. Il vise à établir une doctrine, et, si l'on
rapproche de la fin de sa note certains traits épars, l'on
constate, avec douleur, qu'ici commence à poindre quelque
chose des théories émises récemment par M. Aubé sur
les causes des persécutions exercées contre la religion
chrétienne, aux premiers siècles de notre ère.

L'auteur est trop habile pour risquer des affirmations
hardies qui choqueraient les idées du lecteur. Il procède
par insinuation, mais il voudrait faire accroire qu'à proprement parler les adorateurs du seul vrai Dieu n'ont pas
été persécutés et qu'il y a eu simplement antagonisme
entre le culte de Cybèle, la grande mère des dieux, et le
culte de Jésus-Christ, « *deux religions parties pour ainsi
dire du même point et qui ne pouvaient se développer
côte à côte sans rivalité.* » On le voit, les deux cultes
sont mis par l'auteur sur le même pied. Que si la religion chrétienne a eu quelque chose à souffrir, cela ne
doit étonner personne. De semblables vexations furent
l'effet inévitable, nécessaire « *des luttes religieuses que dut
susciter, dans les Gaules, l'établissement même du chris-*

« païens furieux. Elles conservent ainsi au péril
« de leur vie, pour être offertes à la vénération
« des siècles à venir, les précieuses reliques du
« saint apôtre, de l'illustre martyr (1). »

tianisme. » Dans le fond, c'est la religion chrétienne qui
demeure responsable ; c'est d'elle qu'est venue l'agression.
Pourquoi « *le christianisme, devenu prépondérant, con-*
« *fondait-il le culte de Cybèle dans la réprobation dont*
« *il avait enveloppé tous les cultes publics ?* » Pourquoi
« *l'évêque Saturnin jetait-il l'anathème contre les ado-*
« *rateurs de Cybèle? Ceux-ci pouvaient-ils voir de bon*
« *œil l'établissement d'une religion nouvelle qui excluait*
« *toutes les autres et menaçait leur temple de destruc-*
« *tion?* » M. Mabille devait être partisan de la liberté
des cultes et M. Léon Aubineau n'avait pas tout à fait
tort, quand il disait que « *peut-être au milieu de tant*
« *de savants qui collaborent à la nouvelle publication de*
« *l'*HISTOIRE GÉNÉRALE DE LANGUEDOC *manquerait-il un*
« *catéchiste, un cathéchiste canoniste romain et quelque*
« *peu syllabiste !* »

Pour tout dire enfin, dans sa note, M. Mabille cher-
chait sinon à justifier les païens persécuteurs, du moins à
atténuer leur responsabilité. Selon cet auteur, « le premier
« évêque de Toulouse périt victime de l'antagonisme de
« deux religions dont l'une devait finir par tuer l'autre. »
Et si l'on n'entre pas dans ses vues, c'est qu'on n'a pas
fait *une lecture attentive des Actes de saint Sernin et*

(1) Le texte de ce paragraphe est la traduction littérale
des hymnes de Matines et de Laudes contenues dans
l'office des saintes Puelles. (*Bréviaire de saint Papoul*).

V. — Tourments que les S.S. Puelles endurent ; leur exil à Récaudum ; leur mort.

L'intrépidité des saintes Puelles ne tarda point à recevoir son châtiment ou plutôt sa récompense. Les païens n'avaient pas tout à fait assouvi leur rage. La fatigue seule avait un instant modéré l'ardeur de leurs insatiables et barbares instincts. Mais ils n'avaient point perdu de vue leur proie et il semble qu'à leur gré ni le supplice de saint Saturnin n'avait été assez atroce, ni le sacrifice consommé, tant qu'il restait quelque chose de son cadavre et qu'ils n'avaient point aboli jusqu'à son souvenir. Et comme les saintes Puelles, par un pieux artifice ont soustrait à leurs regards et mis à l'abri de leurs profanations et de leurs injures (1)

« que leur importance n'a pas été jusqu'ici suffisamment « appréciée. » Que le lecteur juge lui-même cette théorie dont l'artifice des nuances et les détours multipliés n'ont pu déguiser ce qu'elle a de contraire à la vérité et aux sentiments chrétiens.

(1) Tertullien, dans l'*Apologétique*, nᵒ XXXVII, accuse les païens non-seulement « de persécuter les chrétiens, « mais d'exercer leurs fureurs contre les cadavres mêmes, « qu'ils arrachent du silence du sépulcre, de cette sorte « d'asile que leur a fait la mort, lorsque ce qui fut un « corps humain n'est déjà plus, pour mettre leurs restes « en pièces ou pour en jeter la poussière aux vents. » — Saint Augustin, cité par Baronius, tom. II, p. 391,

la sépulture du martyr, les païens, n'ayant égard
ni à la fragilité ni à la délicatesse de leur sexe,
tournent contre elles leurs vengeances. On les
frappe de verges et, après les avoir soumises
plusieurs fois à divers tourments, on les expulse
de la cité (1).

Les saintes Puelles, ornées de la double auréole
de la virginité et du martyre, s'éloignent donc de
leur patrie et, conduites par la main de Dieu, elles
viennent fixer leur séjour dans un petit bourg,
appelé *Recaudum*, situé sur la voie romaine qui
allait de Toulouse à Carcassonne, entre l'*Elusio*
de l'Itinéraire et la *mutatio* nommée *Sostomagus*
dans le même monument (2). Ce village ne tarda
point à porter leur nom sous lequel il est encore
désigné aujourd'hui.

La tradition rapporte que les saintes Puelles

n° 26, dit également : « Nous avons lu, dans l'*Histoire*
« *ecclésiastique*, qu'Eusèbe a écrite en grec et que Ruffin
« a traduite en langue latine, que, dans la Gaule, les corps
« des martyrs étaient exposés aux chiens, que les restes
« abandonnés par ces animaux et les ossements des
« morts étaient livrés au feu jusqu'à leur entière con-
« somption et que les cendres étaient jetées dans le
« Rhône, afin que rien ne pût garder d'eux le moindre
« souvenir. »

(1) *Bréviaire de saint Papoul.*
(2) *Histoire générale du Languedoc*, tom. v. *Additions et notes* du liv. XXIII, note II, p, 75. Edit. Paya.

furent, pour tout le pays de *Recaudum*, comme une seconde Providence, qu'elles répandirent de tous côtés, avec leurs largesses, le bienfait de la foi et la bonne odeur de leurs vertus, que leur zèle et les exemples de leur sainte vie firent produire à ce pays jusque-là stérile des fruits abondants de salut et que, sur cette terre autrefois inféconde, leurs mains versèrent comme une rosée de fleurs.

Arregant de un riu de flors
Las plantas infructuosas.

Ce pays, transformé par leurs soins, devint pour elles comme une sorte de royaume. Elles y prolongèrent leur existence dans l'exercice d'une très haute sainteté(1) ; et c'est là que la mort brisant leurs liens, leur ouvrit l'éternelle demeure ; c'est de là qu'elles allèrent au ciel rejoindre leur Epoux, portant au front des couronnes de fleurs comme des reines victorieuses.

A l'Espos vos presentareu
Portant coronas de flors
Com reynas victoriosas (2).

Les fidèles ensevelirent leurs restes précieux dans un endroit réservé, en dehors du village.

(1) *Officia Sanctorum propria Insignis Ecclesiæ abbatialis sancti Saturnini, Tolosanæ civitatis protopræsulis et patroni.*

(2) *Goigs* ou *cantique catalan en l'honneur des saintes Puelles.*

De nombreux miracles y signalèrent leur puissance. Comme pour mettre leurs corps sous une
protection inviolable, la piété des chrétiens éleva
au-dessus de leur tombeau un sanctuaire dédié à
l'Archange saint Michel, et c'est là qu'ils reposè-
rent jusqu'au quinzième siècle. A cette époque
BERNARD DU ROZIER ou DE ROUSERGUE, archevêque de Toulouse et originaire du Mas Saintes-
Puelles, les fit enlever de ce lieu et placer dans
une chasse en argent, pour les exposer à la vénération publique, dans l'église de la paroisse.

VI. — Prière.

« Et maintenant, ô Bienheureuses Vierges,
« daignez agréer nos vœux et les offrir vous-
« mêmes à notre Dieu ! qu'il vous plaise de nous
« regarder comme vos clients et vos serviteurs et
« de nous faire ressentir votre protection et votre
« puissance. Vous le voyez, des ennemis nom-
« breux nous assiégent : secourez-nous dans nos
« combats et que vos mains nous préservent des
« dangers qui nous pressent.

« Nous sommes heureux et fiers de posséder
« cette même foi qui a rendu votre mémoire illus-
« tre ; mais priez qu'elle ne soit point en nous un
« vain nom et qu'elle se montre et qu'elle éclate
« dans les œuvres d'une sainte vie. Loin de nous
« l'indifférence et la torpeur ! que nos cœurs
« brûlent du même amour qui enflamma les

« vôtres! et que nous puissions enfin éviter la
« honte de nous attacher à des joies mondaines
« que vous avez méprisées. Non; nous serons
« jaloux d'imiter vos exemples et les aspirations
« de nos âmes ne seront jamais pour des biens
« caducs et périssables, lorsque des biens éternels
« nous sont promis et réservés (1). »

(1) *Bréviaire de saint Papoul*, offic. des saintes Puelles, hymne des ii vêpres.

DEUXIÈME PARTIE.

—

HISTOIRE DU CULTE DES SAINTES PUELLES.

— —

CHAPITRE UNIQUE.

—

I. — Considérations sur la connaissance et le culte des Saints.

« Nous ne pouvons jamais avoir ici-bas une
« connaissance parfaite des saints, a dit M. l'abbé
« Gay, dans son admirable livre de *La Vie et*
« *des Vertus chrétiennes*. Nous ignorons tou-
« jours une partie de leur beauté et probablement
« la portion la plus divine de l'inénarrable
« histoire de Dieu dans leur âme. Nous nous
« attendons, à bon droit, à ce que le ciel nous

« révèle un peuple immense de saints cachés.
« Soyons sûrs qu'il nous garde en outre la
« suprême révélation de tous les saints déjà
« manifestés. J'estime que les plus connus d'entre
« eux sont des sanctuaires à triple enceinte.
« L'histoire nous ouvre la première : l'oraison et
« la vie d'oraison nous mène parfois au seuil de
« la seconde ; la troisième est la part de Dieu et
« un secret qui ne se dira pas avant l'éternité (1).

Il est très-vrai que la dernière perfection de
l'œuvre élaborée, par la grâce divine, dans les
saints, n'est pas le spectacle de ce monde ; que
nos faibles yeux de chair ne sont pas faits pour
cette plénitude de lumière qui inonde la voie du
juste à son terme ; que nos facultés doivent être
dénouées, renouvelées, fortifiées, douées d'une
vertu particulière, pour soutenir sans fatigue et
contempler, avec une insatiable avidité, le vif
rejaillissement, l'admirable splendeur qui éclate
des saints, dans l'éternel et suprême état où Dieu
est tout en tous. Il est également incontestable
que si, des parvis qui entourent le spirituel sanctuaire dont parle M. l'abbé Gay, le premier est
ouvert à la foule et si le second n'est accessible
qu'à un nombre très-restreint d'âmes d'élite, le
sanctuaire même demeure fermé aux regards
des mortels.

(1) L'ABBÉ CH. GAY. *De la Vie et des Vertus chrétiennes*, tom. II, 556-557, édit. in-8°.

Mais ne pourrait-on pas ajouter que, comme au temple de Salomon, l'accès en est permis, une fois l'an, au grand-prêtre, c'est-à-dire, qu'à de rares intervalles, l'Epouse de Jésus-Christ, l'Eglise de Dieu, en vertu de son suprême sacerdoce, s'avance, enveloppée de l'encens et du parfum de la prière et du sacrifice, jusqu'à la porte de la *maison sacrée* et qu'elle entrevoit cette intime beauté des élus, qui, pour tout autre, reste un secret, un mystère? Ne semble-t-il pas qu'en faisant décerner ici-bas, aux saints qui sont déjà en possession de sa joie, les honneurs du triomphe, Dieu révèle à son Epouse quelque chose de leur gloire, qu'Il entr'ouve pour elle les parvis éternels? Sans doute, l'on peut considérer le culte que l'Eglise décrète comme la manifestation de cette lumière plus vive et plus distincte qu'elle reçoit, et, sous ce rapport, l'on peut dire qu'il est *la préface, l'introduction du livre des élus.* Dans ses visions sublimes, l'Eglise emprunte, ravit quelques rayons au séjour de la béatitude. Elle transfigure les saints qu'elle place sur les autels ; elle nous les montre déjà dans un reflet de leur véritable gloire; et, si nos intelligences étaient assez dégagées des sens pour pénétrer jusqu'aux lumineuses profondeurs du culte catholique et pour saisir, dans toute son étendue, sa signification intime, notre connaissance des saints recevrait un accroissement merveilleux.

Ces considérations doivent faire comprendre pourquoi l'histoire des saints se compose nécessairement de deux parties : de l'*Histoire de leur Vie* et de l'*Histoire de leur Culte*. L'une est le complément indispensable de l'autre. L'on ne peut les séparer qu'au risque de fausser l'idée qu'il convient d'en avoir ; sans l'histoire de leur culte, les saints manquent de l'auréole qui les fait voir dans leur véritable jour.

II.— Culte des S S. Puelles; sa nature, son étendue.

Au sujet des saintes Puelles en particulier, l'histoire de leur culte nous fournit des renseignements précis et l'on peut dire que c'est surtout avec leur secours qu'il est permis de les arracher de cette sorte d'abandonnement et d'obscurité dans lesquels elles ont été laissées. L'histoire de leur culte est plus certaine encore que l'histoire de leur vie. Elle nous donne de ces Vierges une plus haute idée, elle les grandit à nos yeux et les documents relativement nombreux sur lesquels elle s'appuie fournissent à notre piété, à notre admiration, à notre amour, un inébranlable fondement.

Cependant, si le culte des saintes Puelles n'est pas tombé dans une complète défaveur, puisqu'il est encore pratiqué publiquement dans le diocèse de Carcassonne, il faut bien convenir que l'idée de le faire rétablir, dans les églises où il fut jadis en vigueur, a été considérée par quelques-uns comme un projet aventureux, ou, si l'on veut encore, comme le fruit d'une confiance naïve. En réalité, c'est le sentiment de la foi qui nous soutient et nous guide.

Pourquoi ne serait-il pas opportun de rendre aujourd'hui, à ces Vierges, les honneurs qu'elles ont reçus de nos pères, dans les siècles passés? Quelles raisons pourrait-on invoquer contre la restauration de leur culte, si nos prélats, dans leur piété et leur sagesse, trouvaient bon de prendre une semblable mesure?

Le retour à la liturgie romaine, qui, grâce au ciel, est un fait accompli, et le bien de l'unité n'exige point que chaque église particulière efface, de ses dyptiques, des livres de la prière et du sacrifice, les noms des saints qu'elle a produits. Telle n'est pas la volonté de l'Eglise Mère et Maîtresse. Elle prend plus de souci de la gloire de ses fils; et, s'il faut qu'Elle puisse librement montrer au monde son front immaculé et sans ride, s'il faut qu'Elle brille aux regards de l'univers comme un astre sans tache, comme le principal foyer ici-bas de la divine lumière, nous savons qu'Elle aime à se voir entourée de l'éclat des autres églises. L'infinie variété des astres ne nuit point à la beauté de l'astre principal et à l'harmonie des cieux. De même, les illustrations

qui jaillissent du sein des églises particulières
n'éclipsent point la gloire de l'Eglise première et
souveraine. Elles rehaussent plutôt sa splendeur.
De ce côté, la restauration désirée du culte des
saintes Puelles ne saurait rencontrer aucun
obstacle.

Mais ce culte a-t-il eu, dans les siècles écoulés,
une existence incontestée? Peut-on invoquer en
sa faveur les témoignages d'une haute antiquité? L'histoire, la liturgie, l'archéologie chrétiennes produisent-elles leurs monuments à son
appui? Ou bien, disons le mot, les saintes Puelles
ne seraient-elles pas des saintes de pure conven-
tion? Que l'on ne s'étonne pas de ce langage. Il
fallait arriver jusque-là pour renverser et détruire
une préoccupation qui pouvait s'emparer de certaines âmes véritablement pieuses et dévouées à
la gloire des saints. Non; les saintes Puelles ne
sont pas ce que la prétendue science de nos jours
appelle un *mythe;* elles ne sont pas des saintes
forgées à plaisir. Nous sommes en possession de
preuves nombreuses et de divers genres pour
montrer que leur culte a été pratiqué dans les
âges passés et qu'il s'est étendu bien au-delà
des limites indiquées par les Bollandistes eux-
mêmes (1).

Il est vrai : les saintes Puelles ont été, pendant

(1) *Acta Sanctorum,* tom. VIII, octob. p. 14, n° 3.

plusieurs siècles et très-probablement depuis les
temps qui touchent à leur sainte mort, honorées
d'un culte public, comme *vierges et martyres*.
Ce double titre trouve son explication et sa justi-
fication dans les chapitres IVᵉ et Vᵉ de la première
partie. Il serait donc inutile d'entrer ici dans de
longs développements à ce sujet. D'ailleurs aucun
doute n'a jamais été formulé sur leur titre de
Vierges. C'est aussi avec raison que le titre de
Martyres leur a été décerné, parce que, si elles
n'ont pas été véritablement massacrées sur la
tombe même de saint Saturnin en haine de la foi,
comme Du Saussay le rapporte dans son *Martyrologe gallican* (1) et si *elles se sont endormies
dans le Seigneur*, suivant des paroles liturgiques
dont le sens exprime une mort paisible, il est
toutefois incontestable qu'elles ont eu l'insigne
privilége de souffrir pour Jésus-Christ. De là
vient que les Bollandistes n'ont pas hésité à inti-
tuler leurs Actes: DE SANCTIS PUELLIS. VIRG.
MARTYRIB. L'on rencontre la même désignation
dans les divers monuments de la liturgie qui nous
ont été conservés.

Pour respecter et sauvegarder jusqu'au bout

(1) *In agro Tolosano, passio Sanctarum Puellarum,
quæ cum funus Sancti Saturnini, Episcopi et Martyris
procurassent, ad ejus sepulcrum in odium pietatis necatæ
sunt: Quamobrem ut Martyres ex majorum traditione
honorantur.*

les droits de la vérité, nous avouons maintenant que les martyrologes classiques et leurs suppléments ne disent rien des saintes Puelles et que, pour trouver quelque mention de ces saintes, dans les ouvrages de ce genre, nous devons recourir aux travaux de Claude Chastelain, d'Arthur du Moutier, de Du Saussay. Mais l'on ne serait pas autorisé à conclure de là que le culte des saintes Puelles ne remonte pas à des temps fort reculés. Des documents antiques, que les Bollandistes n'ont point connus, nous permettent d'affirmer le contraire et de montrer que nos saintes ont été honorées d'un culte public non-seulement dans les diocèses de Toulouse et de Saint-Papoul, mais encore dans les diocèses de Carcassonne, de Narbonne, d'Elne et d'Urgell.

III. — Diocèse de Toulouse.

Si l'on veut ramener ses souvenirs à la vie des S S. Puelles et considérer non-seulement que Toulouse les a vues naître et que la célèbre cité a été témoin de leurs vertus et de leur foi courageuse, mais encore que le bourg de *Recaudum*, où elles ont passé leurs derniers jours et où elles se sont endormies dans la paix du Seigneur, a été compris, jusqu'au XIVᵉ siècle, dans sa circonscription ecclésiastique, l'on ne trouvera pas étrange qu'un culte public ait été décerné à nos saintes, dans Toulouse et dans tout le diocèse qui en dépend.

Séparons, pour le moment, de la métropole, l'abbaye bénédictine de Saint-Papoul et le pays de Lauraguais qui fut uni à cette dernière pour constituer une église nouvelle, en 1317, l'année même de la canonisation de saint Louis de Toulouse, sous le pape Jean XXII (1), et ne nous occupons, touchant les S S. Puelles, que des documents qui émanent directement de l'église de Toulouse. Les renseignements qui proviennent de l'église de Saint-Papoul seront examinés dans le paragraphe suivant.

Trois genres de preuves peuvent être invoqués pour établir l'existence d'un culte et celui des S S. Puelles, dans le diocèse de Toulouse, en particulier :

1° Les preuves liturgiques ;

2° Les preuves historiques ;

3° Les preuves archéologiques.

Voici celles qu'il nous a été possible de recueillir jusqu'à ce jour :

§ I. PREUVES LITURGIQUES. Nous pourrions d'abord, en une semblable matière et jusqu'à un certain point, faire valoir l'argument de prescription, qui a une si grande force en histoire ecclé-

(1) RAYNALDI: Tom. v. an. 1317, n° 12. Edit. Bar-le-Duc.

siastique, et comme, en remontant le cours des âges, l'on ne peut découvrir l'époque précise où le culte public a été décerné, par l'église de Toulouse, aux S S. Puelles, nous aurions sans doute le droit d'affirmer que ce culte a pris naissance dans les temps reculés qui ont immédiatement suivi leur sainte mort. Quoi qu'il en soit, nous savons d'une manière certaine qu'il était pratiqué au X⁰ siècle.

Mais le plus ancien monument liturgique de ce culte, qui soit parvenu jusqu'à nous, est un manuscrit du XIᵉ siècle, conservé à la bibliothèque nationale de Paris, dans lequel se trouvent les Antiennes et Répons du 1ᵉʳ nocturne et le commencement du IIᵉ de l'Office des SS. Puelles (1).

Cet office, dont ce manuscrit nous offre des fragments, se trouve inséré dans un Bréviaire du XVIᵉ siècle, imprimé en 1553 et qui a été la propriété de M. l'abbé Ruffat, chanoine honoraire de Toulouse. M. l'abbé Latou a observé que cet office était récité depuis fort longtemps dans le diocèse de Toulouse, quand il fut inséré dans ce Bréviaire. Il est porté au XVI des calendes de novembre. (17 octobre). Il ne cessa d'être récité dans le diocèse et en particulier dans l'église abbatiale de

(1) Bibliothèque nationale : *Fond Saint-Victor*, nᵒ 371, p. 96ᵇ et 97ᵃ. (Note de M. l'ABBÉ LATOU : *Vie de Saint-Saturnin*, p. 97).

Saint-Sernin qu'à l'époque néfaste de la révolution. Nous en avons pour preuve la légende qui est extraite de ses *offices propres* et que nous donnons dans l'*Appendice*.

A ces documents, nous pouvons encore ajouter un témoignage qui est d'un grand poids. C'est la citation suivante que nous empruntons aux *Mémoires* de l'excellent chroniqueur Guillaume de Catel.

« Les peintres ont accoutumé parfois de pein-
« dre saint Sernin, traîné par un taureau, ayant
« la tête toute cassée, et deux filles qui recueillent
« la cervelle précieuse de ce saint martyr.

« Je ne doute point que ces filles qui sont ainsi
« représentées recueillant la cervelle du saint
« martyr, ne soient les saintes Puelles que l'on
« estime être saintes ; car j'ai vu un ancien lec-
« tionnaire parfaitement bien écrit à la main dans
« les archives de l'église métropolitaine Saint-
« Etienne de Toulouse, dans lequel il y a des leçons
« pour être récitées le jour de leur fête, comme
« aussi j'ai vu un ancien missel, imprimé à Tou-
« louse en l'an mil cinq cent trente-sept, dans
« lequel se trouve une messe votive. SANCTARUM
« PUELLARUM (1). »

C'est sans doute la messe que l'on lit dans des

---

(1) GUILLAUME DE CATEL : *Mémoires* cités par CH. BARTHÉLEMY : *Vie de tous les saints de France*. 690.

missels du XVIᵉ siècle dont la bibliothèque de Toulouse possède quelques exemplaires.

§ II. PREUVES HISTORIQUES. Les écrivains qui, à divers âges, se sont occupés de l'histoire religieuse de Toulouse, ne pouvaient manquer de faire mention d'un culte dont l'existence est prouvée par des documents aussi authentiques, et, à partir de Guillaume de Catel. « le gracieux « et charmant auteur » des *Mémoires de Languedoc,* comme l'appelle M. l'abbé Cayre, ROZOI ET LAFAILLE: *Annales de Toulouse,* tom. I; D. D. DEVIC ET VAISSETE: *Histoire générale de Languedoc,* liv. III, § XLVI; L'ABBÉ SALVAN: *Histoire générale de Toulouse,* tom. I; M. L'ABBÉ LATOU: *Vie de saint Saturnin,* p. 96-97; M. L'ABBÉ CAYRE: *Histoire des évêques et archevêques de Toulouse,* p. 15, sont trop formels pour que nous puissions garder le moindre doute sur la vérité du culte rendu, dans le diocèse de Toulouse, aux S S. Puelles, depuis les temps les plus reculés de notre ère jusqu'à nous.

§ III. PREUVES ARCHÉOLOGIQUES. Les preuves archéologiques sont moins nombreuses. Nous pouvons même dire que, dans le diocèse de Toulouse, il n'en existe plus de nos jours. Il ne paraît point qu'aucune chapelle particulière ait jamais été dédiée à ces vierges dans l'église de Saint-Sernin. Nous devons encore à Guillaume de

Catel les seuls renseignements de cette nature qui
nous ont été conservés. Voici ce qu'a dit cet
auteur, en terminant le récit des événements qui
se rapportent aux S S. Puelles.

« C'est le sommaire de ce qui est contenu dans
« le susdit Lectionnaire, suivant lequel l'on voit
« encore dans l'église de Saint-Sernin entaillées
« et peintes les figures de ces saintes Puelles ;
« l'une à côté du grand autel entaillée dans la
« pierre ; l'autre dans une ancienne médaille
« émaillée qui pend au col du reliquaire saint
« Sernin. »

La connaissance de ces monuments, dont des
prêtres plus heureux et plus savants que nous
pourraient assurément augmenter le nombre ,
nous fait vivement regretter que le culte des
S S. Puelles ait été aboli dans le Diocèse de Toulouse. Puisse-t-il un jour être rétabli !

IV. — Diocèse de Saint-Papoul.

Comme nous l'avons déjà dit, l'évêché de Saint-
Papoul fut créé en 1317 par le pape Jean XXII et
donné pour suffragant à l'Eglise de Toulouse,
érigée en métropole. Il fut supprimé et anéanti,
au commencement de ce siècle, en 1801, lorsque,
usant de la plénitude de sa puissance, le souverain Pontife, Pie VII, lança la célèbre bulle *Qui
Christi Domini,* pour la réorganisation de l'Eglise

de France et la nouvelle délimitation des diocèses (1).

Il n'est pas étonnant que le culte des SS. Puelles ait eu encore plus d'éclat et de solennité à Saint-Papoul qu'à Toulouse. L'Eglise dresse avant tout ses autels sur la tombe même des saints qu'elle exalte et qu'elle signale et propose à la vénération des peuples ; or si Toulouse peut s'enorgueillir d'avoir vu naître et d'avoir possédé, pendant plusieurs années, dans son sein, ces illustres Vierges, l'Eglise de Saint Papoul put se glorifier d'avoir été faite la dépositaire de leurs restes sacrés. C'est dans les limites qui lui furent assignées que les SS. Puelles consommèrent leur vie et qu'elles rendirent leurs âmes à Dieu.

Car, raconte encore Guillaume de Catel, « il « est dit dans la vie desdites saintes Puelles qui « est dans le dit ancien lectionnaire, qu'elles « assistèrent toujours saint Sernin, même durant « son martyre et qu'après sa mort elles recueilli-« rent soigneusement son sang, et après, de nuit, « firent ensevelir son corps..... de quoi offensés « les infidèles les firent saisir et fouetter dans le « Capitole, ce qui fut cause qu'elles quittèrent « Toulouse et s'en allèrent à un bourg près de « Castelnaudary, que l'on appelait anciennement

(1) BLANC: *Cours d'histoire ecclésiastique*, tom. II, p. 693.

« *Récaude* et qui a été depuis appelé de leur
« nom, le *Mas des saintes Puelles,* où, demeu-
« rant vierges, elles finirent leurs jours et furent
« enterrées, près dudit bourg ou Mas, dans
« l'église Saint-Michel ; mais longtemps après
« leurs corps furent transportés en l'église Saint-
« Pierre... (1) »

Or tant qu'a existé le diocèse de Saint Papoul,
Recaude ou le *Mas Saintes Puelles* a été sous
sa dépendance et sous son autorité.

Voici les documents que son histoire nous a
conservés touchant le culte des SS. Puelles :

§. I. PREUVES LITURGIQUES. Comme la liturgie
de l'église de Saint Papoul ne remonte pas à une
haute antiquité, les preuves de ce genre ne sont
pas nombreuses ; mais l'on peut dire qu'elles ne
laissent subsister aucun doute sur l'objet qui nous
occupe.

1º C'est une messe propre SANCTARUM PUELLA-
RUM insérée dans le missel même de Saint-Papoul,
publié en 1774 par l'ordre et sous les auspices de
Mgr Daniel-Bertrand de Langle. Elle est portée
au 17 octobre avec le titre : IN FESTO SANCTARUM
PUELLARUM, VIRGINUM ET MARTYRUM.

2º C'est un office propre des SS. Puelles, avec
octave, dont nous avons été mis en possession par
la bienveillance de M. l'abbé Patau, curé du

(1) GUILLAUME DE CATEL : *Mémoires,* loc. cit.

Mas-Saintes-Puelles. Il fut jadis en usage dans cette paroisse où la fête de nos Saintes était célébrée avec une grande solennité, le dimanche qui suivait immédiatement le 17 octobre. Mais l'on reconnait sans peine que cet office est de création moderne et qu'il appartient presque tout entier à ce rit gallican qui fut malheureusement introduit dans nos églises et qui, s'il n'est pas oublié de tous, est tombé sous le coup d'un discrédit et d'une réprobation bien légitimes.

3º Les Bollandistes ont ajouté aux Actes des SS. Puelles une légende, qui est extraite de l'ancien bréviaire de Saint Papoul et qui, selon leur témoignage, était récitée dans tout le diocèse (1). Nous la donnons dans l'*Appendice* avec la messe et l'office dont il est parlé plus haut. Cette légende, dans sa substance, ne diffère point de celle qui se trouvait dans les *Offices propres* de l'église abbatiale de Saint Sernin. Elle est seulement augmentée des détails que la tradition locale a transmis.

§ II. — PREUVES HISTORIQUES. Nous avons tiré de cette même source de la tradition locale presque toutes les particularités que nous allons décrire, concernant l'histoire du culte public praqué en l'honneur des SS. Puelles, dans le diocèse de Saint Papoul et surtout dans le lieu de leur mort.

_____

(1) *Acta Sanctorum*, tom VIII, octob., p. 13, nº 1.

« Le Mas Sainctes Puelles, a dit Catel, estait
« jadis une ville fermée, distant une lieüe de
« Castelnaudarri : laquelle a été depuis trois ans
« rasée, à cause des désordres et rébellions
« cômises par ceux de la ville. Un ancien lection-
« naire de Saint Estienne escrivant la vie des
« Sainctes Puelles escrit que cette ville s'appelloit
« anciennement Recaudû : mais depuis elle
« aurait prins le nom de Sainctes Puelles; parce
« que les dites Sainctes furêt enterrées prez dudit
« Bourg en l'Eglïse Saint-Michel, et longtemps
« après transférées en l'église Saint-Pierre :
« laquelle est aujourd'huy soubs l'invocation des-
« dites Vierges (1). »

Le *Mas-Saintes-Puelles* se trouve situé sur le
Tréboul, à cinq kilomètres de Castelnaudary et à
environ quinze cents mètres de la gare du chemin
de fer qui porte son nom. Il se compose des
hameaux de Gauguisse, de Saint-Jammes, Causse
et du Bourdic. Il contient une population totale
de treize cents âmes (2). L'histoire rapporte que
le *Mas-Saintes-Puelles* fut pillé et brûlé en 1355
par les Anglais, sous les ordres du prince de
Galles, appelé le *Prince noir* (3). Bientôt relevé

(1) Guillaume de Catel : *Mémoires*, p. 352.
(2) Baron Trouvé : *Etats de Languedoc et département de l'Aude*. Paris, Didot, 1818.
(3) L'Abbé Salvan : *Histoire générale de Toulouse*,
tom. III, p. 403.

de ses ruines, il tomba plus tard, en l'an 1573, au pouvoir des calvinistes qui en firent comme le centre de leurs excursions dans les pays d'alentour ; et c'est pour le punir de sa rébellion et de sa résistance qu'en 1622, Louis XIII le livra aux flammes. Saint Pierre Nolasque, fondateur de l'Ordre de la Merci était né dans ce lieu (1).

Le point capital pour nous serait de savoir à quelle époque le nom de *Mas-Saintes-Puelles*, *Mansus Sanctarum Puellarum*, fut substitué à l'antique appellation de *Recaudum*. Une telle découverte nous permettrait, sinon d'arriver jusqu'à l'origine même du culte rendu à nos Saintes, du moins de constater d'une manière plus précise, plus certaine sa haute antiquité. Mais nous devons avouer que nos plus anciens renseignements, sur ce point, ne datent que du xe siècle.

A cette époque cependant l'antique nom de *Recaudum* a déjà disparu et le *Mas Saintes-Puelles* figure comme alleu dans le testament de Hugues de Toulouse, écrit en 960 (2).

Ce lieu porte le même nom, dans l'acte de prise de possession du comté de Toulouse, dressé,

(1) *Acta Sanctorum*, tom. VIII, octob., p. 15, note g. — *Histoire de Languedoc*, tom. v, liv. XXXIV, § LXXXIX, p. 320.

(2) L'ABBÉ SALVAN : *Histoire de Toulouse*, tom. I, p. 459.

par ordre du roi, en 1271, par Cardone, sénéchal
de Carcassonne et de Béziers, et il n'a point cessé
de le porter jusqu'à nos jours (1). L'on peut
déduire de là avec raison que le culte des saintes
Puelles n'est pas d'origine moderne et qu'il a son
principe dans les temps les plus reculés de notre
ère.

C'est dans ce bourg que les saintes Puelles
finirent donc leur existence, après s'être élevées
à une grande sainteté. Leurs corps furent enter-
rés, hors du village, dans un lieu qui est resté en
prairie jusqu'à ces derniers ans. La tradition
rapporte et des témoins oculaires ont pu attester
que l'espace occupé et sanctifié par leurs précieuses reliques avait toujours été couvert par un
tapis de blanches paquerettes et que l'herbe
vulgaire n'avait jamais pu y pousser. Une chapelle
dédiée à saint Michel fut élevée sur leur tombe,
sans doute pour protéger, comme nous l'avons
dit, leurs dépouilles sacrées. Afin de perpétuer le
souvenir de cette première sépulture, de tout
temps et de nos jours encore, l'on fait, pendant
les rogations, une station, en ce lieu. C'est là que,
durant de long siècles, les fidèles du pays de

(1) *Acta Sanctorum*, tom. VIII, octob. p. 13, n° 2. —
Rozoi: *Annales de Toulouse*, tom. I, Instrum. p. 81. —
Mgr JAGER: *Histoire générale de l'Eglise catholique en
France*, tom. X, p. 110.

Recaude ou du *Ruisseau*, sont venus implorer leur secours.

Vers l'an 1460, BERNARD DU ROSIER ou de ROUSERGUE — s'il faut adopter l'opinion de M. Roschach, - archevèque de Toulouse et fils du *Mas Saintes-Puelles*, fit enlever, de ce modeste lieu, les reliques de nos Saintes, les plaça dans une chasse en argent construite à ses frais et les exposa à la vénération publique dans l'église de la paroisse (1).

Pendant un siècle encore, elles reçurent là tous les témoignages de la dévotion des fidèles. Mais le *Mas Saintes-Puelles* étant tombé, à la fin du seizième siècle, au pouvoir des modernes iconoclastes, ces précieuses reliques furent profanées, brûlées et leurs cendres jetées au vent. Il ne reste plus de leurs corps que les quelques fragments donnés sans doute par Udalgar, évêque d'Elne, pour la consécration de l'église encore existante de Saint-Saturnin de Caborriu

(1) C'est cet acte important qui a été décrit dans la strophe suivante du cantique catalan des S S. Puelles.

> En una pobra capella,
> Vostres cossos enterrats,
> Trobant un prelat en ella,
> Maná que fóssen honrats
> Y guardats en grand fervor
> Com dos préndas preciosas.

(près de Bellver) en Cerdagne, diocèse d'Urgell, laquelle eut lieu l'an 1137 (1).

§ III. Preuves archéologiques: Si, comme tout porte à le supposer, l'art et la piété des fidèles avaient produit des œuvres en l'honneur des S S. Puelles, le vandalisme des Calvinistes dut également les détruire. Ni la chapelle de Saint-Michel, ni l'église antique de la paroisse n'existent plus. Il n'en reste que quelques débris, et les seuls objets qui attestent, au *Mas Saintes-Puelles*, le culte de nos *Vierges-Martyres*, sont deux mauvaises toiles, qui représentent l'une, la flagellation des Saintes et leur expulsion de Toulouse ; l'autre l'ensevelissement de saint Saturnin.

Nous avons plus que l'espérance que, si le projet de reconstruire l'église de la paroisse, sur le plan primitif, reçoit son exécution, saint Pierre Nolasque ne fera point oublier les S S. Puelles et que celles-ci auront leur part dans la magnificence que l'art pourra déployer.

(1) « Il est dit dans l'acte de consécration : *Et recon-* « *diderunt ibi reliquias Sancti Saturnini martiris et* « *Sanctorum Gervasii et Protasii et Sanctorum Nazarii* « *et Celsi martir et* Sanctarum Puellarum *et Sancti* « *Ciriaci.* » (Archives départementales, *Procuracio real,* registre XXVII, fº 119, vº). Note de M. Alart, archiviste.

V. — Diocèse de Carcassonne.

Le culte des S S. Puelles ne cessa point quand fut anéanti le diocèse de Saint Papoul. Il fut maintenu par l'église de Carcassonne, dans les limites de láquelle se trouvaient compris, par la nouvelle délimitation des diocèses, le pays de Récaude et le Mas Saintes-Puelles. Seulement il n'a point conservé la même solennité. L'office propre des S S. Puelles, approuvé de Rome, se borne simplement, pour la messe, à la récitation, comme mémoire, des oraison, secrète et post-communion , telles qu'elles se trouvent dans l'*Appendice*, et, pour le *Bréviaire,* à une neuviè-me leçon, composée d'un fragment des Actes de saint Sernin, suivant le texte de D. Ruinart, et d'un récit abrégé des faits conservés par la tradition.

Mais si les preuves liturgiques et historiques du culte des S S. Puelles, pour le diocèse de Car-cassonne, se réduisent à ces quelques traits, la preuve archéologique nous présente un monument de la plus haute valeur; nous voulons parler du *tombeau de saint Hilaire*. Ce monument, dont M. le Chevalier Du Mège a été le premier a don-ner la description et la lithographie (1) , sert

(1) *Mémoires de la Société archéologique du Midi de la France,* tom. I, p. 83.

d'autel dans l'une des deux chapelles de la remarquable église paroissiale de Saint-Hilaire-sur-
Lauquet, dans le département de l'Aude (1). La
Semaine religieuse du diocèse de Carcassonne,
n° du 2 avril 1876, l'a décrit encore avec plus
de soin et d'exactitude, je dirai même avec plus
de vérité, et c'est ce qui nous a déterminé à emprunter à cette feuille les lignes que l'on va lire :

« C'est dans cette chapelle que se trouve le
« tombeau, vulgairement appelé *Tombeau de*
« *Saint-Hilaire.* Il avait été transporté dans le
« jardin de l'abbaye en 1770 ; mais on lui a res-
« titué de nos jours la place qu'il avait occupée
« durant près de huit siècles. Il tient lieu
« d'autel. C'est le plus ancien monument que
« nous possédions dans le département. Il re-
« monte d'une manière indubitable au IXe siècle,
« (Xe) puisque nous avons deux documents
« authentiques qui constatent que le corps de
« saint Hilaire fut retiré de son premier tombeau

(1) Nous avons voulu le contempler de nos yeux et le
toucher de nos mains. Nous devons ajouter, pour ceux qui
se sentent épris d'admiration et d'amour pour les œuvres
du moyen-âge, que Saint-Hilaire-sur-Lauquet, où sont en
quelque manière accumulées les richesses, les merveilles
qu'a produites l'art chrétien, à cette époque, est un des
lieux dont la visite laisse le plus de ce charme, de
ce tressaillement ineffable que donne la douce joie de
l'esprit.

« en l'année 970, pour être transféré dans l'église
« de Saint-Hilaire et enseveli derrière l'autel
« autrefois consacré par lui. Selon même le
« savant Vitet, il remonterait au IVe siècle.

« Deux fac-simile en plâtre sont déposés aux
« Musées de Carcassonne et de Narbonne. L'ori-
« ginal est en beau marbre blanc. Les habitants
« de Saint-Hilaire sont très jaloux de ce qui leur
« reste de leur antique abbaye. Il y a quelques
« années à peine, un antiquaire voulut acheter le
« tombeau de saint Hilaire pour en enrichir le
« Musée de Toulouse. On ne consentit pas à
« livrer ce trésor et les paroissiens déclarèrent
« au visiteur que, si par des démarches auprès
« du Gouvernement, il réussissait à se faire
« adjuger la propriété du monument, il n'en
« serait guère plus avancé, car ils étaient résolus
« à mettre le tombeau en pièces plutôt que de le
« voir quitter la place où il s'élevait, depuis près
« de mille ans.....

« Sa face antérieure représente en relief quel-
« ques scènes du martyre de saint Saturnin,
« patron de l'abbaye. Deux hommes s'emparent
« du saint évêque de Toulouse et le poussent
« vers le lieu du supplice, tandis que deux de ses
« disciples l'abandonnent et s'éloignent. Saint
« Saturnin attaché par les pieds à un taureau
« furieux est rapidement emporté et traîné sur le
« sol. Un homme presse de son aiguillon la

« course du taureau ; deux chiens s'élancent à la
« poursuite de l'animal ; deux femmes affligées et
« en pleurs suivent des yeux le corps déchiré de
« l'apôtre-martyr. Ces deux femmes (les *saintes*
« *Puelles*, qui vinrent fonder le village de ce nom
« non loin de Castelnaudary) ont la tête entourée
« d'une auréole.

« Sur l'une des faces latérales, on a représenté
« l'inhumation de l'évêque et son apothéose.
« Les saintes Puelles rendent à saint Saturnin
« les honneurs de la sépulture. Un peu plus
« haut le saint et glorieux martyr laisse sur terre
« sa dépouille mortelle, tandis que son âme
« s'élève dans les cieux sous la forme d'un jeune
« enfant. Une figure, celle du roi des martyrs,
« Jésus-Christ, sans doute, sortant des nuages,
« prend cet enfant par les bras et l'attire dans la
« céleste récompense. Plus loin le mausolée du
« saint évêque s'élève, orné de divers dessins
« tirés du règne végétal. Tout près une femme à
« genoux, la tête inclinée vers la terre, pleure
« celui qui n'est plus.

« Sur la seconde face latérale, on aperçoit
« entre deux clercs un pontife, revêtu d'orne-
« ments épiscopaux, tenant dans ses mains un
« livre et une crosse. La chasuble de cet évêque
« est relevée sur les côtés, au-dessus de chaque
« bras ; sa tête presque entièrement rasée,
« n'a conservé que l'étroite zône monacale. Les

« clercs placés aux côtés de l'évêque, sont revêtus
« du surplis à larges manches. Celui qui est à
« droite porte l'étole diaconale et touche d'une
« main la crosse du prélat.

« Ce fut dans ce tombeau que le corps du
« premier de nos évêques fut transféré solen-
« nellement, en l'an 970, par les soins de Franco,
« évêque de Carcassonne, du comte Roger et de
« la comtesse Adélaïs. »

Ce monument si précieux par lui-même et
pour tous l'est encore davantage pour nous ,
puisqu'il nous sert à établir que les S S. Puelles
étaient honorées d'un culte public au Xe siècle.
Nous en avons le signe certain dans le nimbe qui
orne leurs têtes, sur la face du *tombeau*.

Il ne sera pas inutile de montrer ici, d'après un
écrivain contemporain dont l'autorité est incontestée, en une semblable matière, que le nimbe a
été et doit être considéré comme l'attribut de la
sainteté (1).

« Propre d'abord à Dieu, étendue bientôt aux
« Anges et aux Saints d'une dignité supérieure,
« lorsqu'on voulait exprimer cette dignité, l'attri-
« bution du nimbe s'est graduellement étendue à
« tous ceux sur lesquels s'est reposé l'Esprit

(1) CTE GRIMOÜARD DE SAINT-LAURENT : *Guide de*
l'art chrétien, tom. II. Etude première *Du Nimbe*, § III,
p, 15-20.

« divin, jusqu'à les faire participants de la sain-
« teté; et on est venu à le leur appliquer dans
« toutes les circonstances de leur vie. Ce ne fut
« néanmoins qu'au douzième siècle que son usage
« prit une complète extension : à partir de cette
« époque jusqu'à la fin du quinzième siècle, il fut
« généralement le partage de tous les saints
« reconnus par l'Eglise dignes d'un culte public ;
« s'il fut moins répandu dans le commencement,
« cela doit tenir au caractère impersonnel de l'art
« chrétien dans les premières périodes, caractère
« qui ne se modifie complétement qu'au cœur du
« moyen-âge. *Sic et omnes sancti pinguntur*
« *coronati*, « ainsi tous les saints se peignent
« avec des couronnes » disait Guillaume Durand,
« au XIIIᵉ siècle; il n'est pas de doute que, par ce
« mot de couronne, il n'entende parler du nimbe,
« car il ajoute un peu plus bas : *Corona autem*
« *hujusmodi depingitur in forma scuti ro-*
« *tundi : quia sancti Dei protectione divina*
« *fruuntur.*

« *Hujus modi corona*, dit Molanus, après avoir
« cité le passage de G. Durand, qui fixe le sens
« du mot, *nemini debet appingi nisi quos*
« *Ecclesia canonizavit sive coronavit* : Cette
« sorte de couronne doit être attribuée, à l'exclu-
« sion de tous autres, uniquement à ceux que
« l'Eglise a canonisés et pour ainsi dire déjà
« couronnés. *Neque datur corona nisi canoni-*

« *zatis*. On ne donne le nimbe qu'aux seuls cano-
« nisés, répète à son tour Gavanti. *Que les*
« *insignes propres aux saints*, reprend Carli,
« *soient conformes à la pratique commune de*
« *l'Eglise, tel le diadème en forme d'écusson*
« *circulaire sur la tête des saints pourvu qu'ils*
« *soient canonisés*. M. l'abbé Crosnier est moins
« exprès parce qu'il étudie la question dans son
« origine archéologique, et non pas dans ses con-
« ditions pratiques ; mais s'il est vrai, comme il
« le dit, que le nimbe ainsi que l'auréole soient l'at-
« tribut de la Divinité, *Soli Deo honor et gloria,*
« ne doit-on pas en conclure qu'il ne faut, en
« définitive, faire participer à cet honneur que
« les créatures jugées dignes, par leur participa-
« tion à la sainteté de Dieu, d'entrer aussi en
« participation de sa gloire ? Si bien que M. l'abbé
« Bourassé, qui suit d'ailleurs de très-près les
« traces de M. Crosnier, ne balance pas à dire
« que le nimbe est, dans l'iconographie chrétienne,
« l'attribut de la sainteté.

« Le nimbe a reçu diverses variétés de for-
« mes..... Jusqu'au XIIIᵉ siècle le nimbe plus
« généralement était demeuré dans les conditions
« de son type originaire, c'est-à-dire clair, uni,
« diaphane, et si l'on voulait l'orner, on se con-
« tentait de le diviser en zônes irrisées comme
« l'arc-en-ciel. Ce ne fut pas cependant sans
« exception, car, dans une miniature du VIIᵉ siè-

« cle, nous avons observé sur la tête de saint
« Mathieu, un nimbe qui affecte la forme de
« coquille. »

Nous pouvons ajouter, si nos souvenirs sont
exacts, que le nimbe qui orne la tête des
SS. Puelles sur le *Tombeau de Saint-Hilaire*
porte ce dernier caractère.

Après une semblable citation, il n'est plus possible de douter que les SS. Puelles aient été au
x⁰ siècle honorées d'un culte public.

Le *Tombeau de Saint-Hilaire* offrira encore
un intérêt tout particulier aux enfants du Roussillon, s'ils veulent considérer dans quelles circonstances et par qui il a été probablement
construit.

La maison bénédictine de Saint-Hilaire-en-
Razès entrait, comme on l'a dit (1), au dixième
siècle, dans la *constellation monastique de
Saint-Michel-de-Cuxa*. A cette époque, ce dernier monastère était gouverné par le célèbre abbé
Warin ou Guarin, qui s'était rendu fort recom-
mandable par la sainteté de sa vie (2). Le pape
Jean XV l'eut en si haute estime qu'il l'appela
très-saint, sanctissimum, et qu'il l'établit comme

(1) LE PUBLIGATEUR: 21 octobre 1837. *Dépendances
roussillonnaises du monastère bénédictin de Saint-Hilaire
en Razés.*

(2) *Histoire générale de Languedoc*, liv. XII § LXXVII,
p. 165, tom. III, édit. Privat.

supérieur général de *Saint-Pierre-de-Lézat*, de *Saint-Hilaire*, de *Sainte-Marie-d'Alet*, de *Saint-Pierre-du-Mas-Garnier* et de *Saint-Michel-de-Cuxa* (1).

Or, dans l'année 970 ou 978, suivant que l'on adopte la chronologie donnée par Catel, de Marca et les auteurs de l'*Histoire Générale de Languedoc* ou celle qui a été suivie par les auteurs du *Gallia Christiana* et par les Bollandistes (2), l'abbé de Saint-Hilaire, Benoît I, de concert avec Roger I, comte de Carcassonne et Francon, évêque de cette ville, conçut le pieux dessein de faire la translation solennelle des reliques de Saint Hilaire, premier évêque de Carcassonne, considéré comme le fondateur du monastère, où il avait reçu la sépulture.

« Le corps de ce saint prélat, après avoir été
« inhumé dans l'église de l'abbaye de Saint-
« Saturnin, qui avait aussi pris son nom et qui
« était située à deux lieues de Carcassonne, était
« demeuré jusqu'alors sous une tombe derrière
« l'autel qu'il avait consacré lui-même de son
« vivant, assisté des évêques, ses comprovin-
« ciaux. »

(1) *Gallia Christiana*, tom. VI, col. 1097. — *Hist. génér. de Lang.* Ibid, tom. III, p. 217-218.

(2) Ibid. *Gall. Christ.*, col. 867, — *Hist. génér. de Lang.*, tom. III, p. 165.

L'abbé Warin ou Guarin fut naturellement averti de ce projet et comme il *prenait un intérêt particulier à tout ce qui regardait l'abbaye de Saint-Hilaire*, il s'empressa de se rendre à l'invitation qui lui avait été faite, *et il amena avec lui de son monastère de Cuxa un habile maçon, structorem miri laboris virum*.

Le jour marqué pour la translation des reliques, *le comte Roger, sa femme Adelaïde, Francon, évêque de Carcassonne, Warin ou Guarin, abbé de Cuxa en Roussillon et plusieurs autres personnes de considération, tant ecclésiastiques que séculières, se rendirent à l'abbaye, gouvernée alors sous l'autorité de ce dernier par l'abbé Benoît qui était présent.*

Après bien des recherches, le moine, que l'abbé Warin avait pris avec lui, découvrit le corps de Saint-Hilaire. Le procès-verbal de la translation ajoute que saisi d'une sainte et légitime allégresse il s'écria : *Deo Gratias! Voici le corps entier de Saint-Hilaire!* Et aussitôt l'évêque et les abbés et les fidèles, ivres de joie, se mirent à chanter les louanges du Seigneur. *Quo viso episcopus una cum abbatibus cœterisque fidelibus magno cum gaudio laudes cœperunt in altissimis* REBOARE *Domino* (1).

(1) *Gallia Christiana*, tom. VI. *Instr.*, col. 426. — *Hist. génér. de Lang.*, tom. III, p. 165.

« Francon, évêque de Carcassonne, l'apporta
« aussitôt sur le grand autel, où il célébra ponti-
« ficalement la messe en action de grâces, en
« présence d'un nombre infini de peuple qui était
« accouru de toutes parts, et qui fut témoin de
« plusieurs merveilles que Dieu opéra dans cette
« occasion, par l'intercession de Saint-Hilaire
« dont on enferma ensuite les précieuses reliques
« dans un cercueil de pierre, qu'on exposa sur
« un petit autel dressé derrière le grand, et l'on
« mit des deux côtés celles de Benoît et de Celse,
« ses disciples (1). »

Il est probable, a dit M. Dumége, que ce cercueil de pierre, *Saxea arca*, fut sculpté avant le
22 février 970. La composition et le mérite de
cette œuvre remarquable sont attribués au moine
de Saint-Michel de Cuxa. S'il nous était permis
d'établir un rapprochement et de hasarder une
opinion personnelle, nous dirions que nous avons
cru reconnaître, dans le *Tombeau de Saint-
Hilaire*, les caractères qui distinguaient les travaux en marbre de notre célèbre monastère, produits à la même époque.

Dans tous les cas l'étude de ce monument nous
montre que les SS. Puelles étaient, au xe siècle,
vénérées comme saintes, puisque leurs têtes sont
ornées de l'attribut de la sainteté, et que leur culte

(1) *Histoire générale de Languedoc*, tom. III, p. 165.

n'était pas inconnu, à cette époque, en Roussillon et dans le diocèse d'Elne.

VI. — Diocèses de Narbonne, d'Elne et d'Urgell.

Nous réunissons sous le même titre les diocèses de Narbonne et d'Elne, parce que les documents que nous allons produire se rapportent à une localité qui a été, jusqu'au commencement de ce siècle, sous la dépendance simultanée de l'archevêque de Narbonne et de l'évêque d'Elne. Car, d'une part, la paroisse de *Tautahull,* en style moderne *Tautavel,* dont nous devons nous occuper, se trouvant à l'extrémité méridionale du pays de Termes, vulgairement appelé Termènois ou Termenés, était nécessairement comprise dans les limites de l'archidiocèse de Narbonne et soumise à la visite de son titulaire; et, d'autre part, il est certain qu'il a toujours été pourvu au prieuré de *Tautahull* par l'autorité ecclésiastique du diocèse d'Elne, ou, si l'on veut, par le monastère de *Notre-Dame-d'Aspira,* (Espira-de-l'Agly), transféré vers la fin du XIVe siècle à *Notre-Dame-de-la-Réal* (1). Enfin nous avons uni à ces deux diocèses celui d'Urgell, parce que ce que nous avons à dire de ce dernier n'est pas assez considérable pour être mis sous un titre particulier.

(1) *Gallia Christiana,* tom. VI, col. 1113.

Une fois ces explications données pour le bien de l'ordre et de la clarté, nous passons au diocèse d'Elne duquel dépend aujourd'hui la paroisse de Tautavel.

§ I. PREUVES LITURGIQUES: Ce n'est pas sans nous appuyer sur une sorte de droit, que nous avons osé espérer le rétablissement du culte des S S. Puelles dans notre diocèse. Si plus que jamais, suivant la parole de D. Guéranger, *le culte des saints, qui est un des grands besoins de la piété dans tous les temps, demande à être ranimé au temps présent*, ne semble-t-il pas convenable que chaque église, sans sortir de l'unité liturgique, aspire à rétablir, dans ses livres de la prière et du sacrifice, les noms des saints qu'elle avait honorés dans ses anciens jours? Or, nous savons que les S S. Puelles avaient reçu en Roussillon, de nos pères, un culte public. Après ce qui a été dit plus haut, il est hors de doute que les S S. Puelles furent, dès l'origine, connues et aimées dans le monastère des bénédictins de Saint-Michel-de-Cuxa. Mais nous pouvons présenter des preuves plus authentiques encore. Nous voulons parler de deux anciens missels du diocèse, dans lesquels, la fête des S S. Puelles, *Sanctarum Puellarum* est indiquée au XVI des calendes de novembre, date qui correspond au XVII octobre de notre calendrier.

Le premier, qui est manuscrit, fut commencé

en 1490 et fini en 1492. Il avait appartenu à la
confrérie des peintres, qui avaient choisi pour
patron saint Christophe. L'on peut constater qu'ils
avaient traité cette œuvre avec un soin jaloux.
Rarement, même dans les livres manuscrits du
moyen-âge, l'on voit des majuscules plus splen-
dides, des miniatures et des enluminures plus
parfaites d'exécution et de ton que celles qui
ornent ce volume magnifique. Longtemps conservé dans les archives de la Mairie de Perpignan,
il a été déposé dernièrement à la bibliothèque de
la ville, dont il est l'une des principales richesses.

Le second est le missel propre du diocèse
d'Elne. Il a pour titre : *Missale secundum ritum
Ecclesiæ Elnensis*. Il a été imprimé à Barcelone
en 1511. Le seul exemplaire qui reste dans notre
département appartient à la bibliothèque du Grand
Séminaire.

§ II. Preuves historiques. — Paroisse de
Tautavel. — L'histoire du culte des S S. Puelles
dans la paroisse de Tautavel nous fournira des
dates plus reculées encore.

Tautavel, autrefois appelé, de son véritable
nom, *Tautahull*, *Taltahull* (1), et, en langue

(1) Les étymologistes et les philologues ne sont tout à
fait d'accord ni sur la provenance ni sur la signification du
mot *Tautahull*. M. de Saint-Malo, dans un article qu'il
publia dans le *Publicateur*, 7 novembre 1835, après avoir

latine, *Tautavolium*, est un village qui compte aujourd'hui environ neuf cents âmes et dont il est fait mention, pour la première fois, en 1020, dans un acte public, dans le testament de Bernard, comte de Besalu et de Fenouillèdes (1). Il est situé sur le flanc méridional des Corbières, sous les ruines d'un château qui dominent et semblent menacer ses maisons (2), dans un riche vallon,

cherché le sens des trois syllabes *Tau-ta-hull* qui le composent, trouva dans le mot les deux significations de *haute source, Auteuil* ou de *mont haut.* D'autres savants, très versés dans la connaissance de la langue catalane, croient reconnaître, dans ce nom, le *Volo,* que l'on rencontre si souvent dans notre pays. Nous laissons à de plus experts que nous le soin de se prononcer sur cette question.

(1) *Histoire générale de Languedoc,* tom. III, p. 256. Edit. Privat.

(2) Le château de Tautavel a passé successivement des comtes de Besalu et de Fenouillèdes, aux comtes de Barcelone, aux seigneurs du Vernet et d'Ampurias, aux rois de Majorque et d'Aragon, à Bérenger de Pierrepertuse, seigneur d'Ortaffa, à la famille Sanespleda Roger, à la famille d'Oms, à Alexandre du Vivier, seigneur de Lansac, à la famille d'Hertault de Beaufort et enfin au marquis d'Aguilar. — Il y avait eu dans ce château deux chapelles, l'une dédiée à Sainte-Croix, l'autre à Sainte-Marie-Madeleine. C'est pour conserver le souvenir de la première que l'un des vitraux de la chapelle des Saintes représente sainte Hélène portant la croix et la couronne d'épines.

formé par deux chaînes parallèles de montagnes et divisé en deux parties presque égales par le *Verdouble*. Cette rivière, qui est peut-être le *Vernodubrum* (1) des anciens et que l'on ne voit jamais tarir, tombe en cascade, par un passage étroit et d'un aspect pittoresque, pratiqué dans une énorme masse de calcaire et que l'on dirait ouvert de main d'homme. Ses eaux reçues par un canal, qui est dû à la bonne administration des rois d'Aragon, autrefois seigneurs du lieu, portent la fécondité et la fraîcheur sur une vaste étendue de jardins et de terres bien cultivées, qui longent la rive droite. Le reste du territoire est couvert de riches vignobles, de plants d'oliviers qui donnent une huile précieuse et d'arbres de toutes sortes, qui produisent les meilleurs fruits.

C'est dans ce lieu, en face du village actuel, au nord, à une distance d'environ un kilomètre et sur l'emplacement d'un antique *prædium* romain (2) que fut élevé le seul sanctuaire qui ait été dédié aux S S. Puelles.

(1) C'est l'*Agly* qui a été appelé par les anciens *Vernodubrum*, mais il aurait pu recevoir ce nom à cause du *Verdouble* qui est son principal affluent.

(2) Lorsqu'on a démoli l'antique chapelle des Saintes, l'on a constaté que ses fondations étaient établies sur un pavé formé de petites briques, d'une longueur de 0m 06, d'une largeur de 0m 04 et d'une épaisseur de 0m 015, posées de champ, sur le plus long côté, obliquement et en

Il serait difficile, pour ne pas dire impossible,
de déterminer à quelle époque précise et par
quelle voie le culte de ces Vierges s'est introduit
dans la localité. La tradition ou plutôt la légende
populaire rapporte que les SS. Puelles sont elles-
mêmes venues dans ces contrées et qu'elles y ont
séjourné, pour faire provision de blé et de froment. Mais l'on ne saurait prendre les désirs et
les pieuses imaginations du vulgaire pour des
preuves historiques. L'origine de la dévotion profonde qui anime la population de Tautavel et celle
des villages d'alentour pour les Saintes, demeurera
sans doute à jamais inexplorée. S'il était permis
d'émettre une opinion sur ce point d'histoire
demeuré si obscur, l'on pourrait tout au plus
supposer que le culte des SS. Puelles a dû être
porté à Tautavel par quelqu'un de ces seigneurs,
de ces comtes de Barcelone, qui embrassaient, en
même temps, dans leurs vastes possessions, le
pays de *Lauraguais*, où les SS. Puelles avaient

forme d'épis. C'était un de ces genres de construction que
les romains appelaient *testacea spicata* ou *opus spicatum.*
Les angles étaient retenus par des lames de plomb. —
Quelques temps après nous avons eu le bonheur de découvrir une urne aux vastes proportions, de 1^m 30 de
diamètre et d'une hauteur proportionnée. Malgré toutes
les précautions prises, ce vase est tombé à mesure qu'il
sortait de terre, en une multitude de fragments qu'il a été
impossible de rajuster.

leur tombe et le château de Tautavel compris dans leurs domaines de la vicomté de Fenouillèdes (1).

Qui sait encore si quelque pieuse châtelaine n'a point voulu, pendant le séjour qu'elle devait faire quelquefois à Tautavel, retrouver jusqu'à un certain point, la chapelle de Saint-Michel où les SS. Puelles étaient ensevelies, dans le pays de Récaude? L'on dira que c'est là une pure hypothèse de notre part. Sans doute; mais nous ne connaissons pas d'explication plus plausible touchant l'origine du culte des Saintes dans cette contrée.

Ce qui est plus certain c'est l'existence même de ce culte et l'on peut affirmer qu'il remonte, pour Tautavel, certainement au XIIe siècle. Voici sur quels documents nous fondons notre sentiment:

1° Le *capbreu* ou papier terrier de *Tautahull* (2), conservé aux archives départemen-

(1) M. L'ABBÉ SALVAN: *Histoire générale de Toulouse*, tom. II, p. 48-49.

(2) Ce *Capbreu* ou papier terrier, fait par ordre du roi, en 1292, fut renouvelé encore en 1301, par le procureur royal du Domaine. — En 1468 et 1494, *François de Beau-Château* et dans les actes *François de Bell-Castell* et Arnald d'Oms ayant succédé aux droits de Bérenger de Pierrepertuse sur la dite terre de Tautavel, firent procéder à un papier terrier, retenu par Pierre Genset, notaire. — Dom Bernard d'Oms en 1612 et les seigneurs d'Hertaut

tales (1) et qui fut fait en janvier 1292, correspon-
dant à notre mois de janvier 1293, fait mention
de diverses pièces de terre sises dans le quartier
dit des *Sentes Pudseles* et ce nom y revêt les
formes suivantes : *ad Sanctas Pudselas* (folio 6
et 8), *ad Sanctas Pudseles* (fol. 6); *loco vocato
sentes Pudseles* (fol. 10) *ad sanctas Pusselas*
(fol. 19).

Or, puisque le nom des SS. Puelles est attribué
à tout un quartier du territoire de Tautavel,
n'est-il pas permis de croire qu'à cette époque la
chapelle à Elles dédiée existait déjà et même
qu'elle existait depuis longtemps? Le nom de
SS. Puelles donné à toute une portion de terrain
devait être bien connu et assez ancien puisqu'il
est employé dans un acte public, sans aucune
autre observation.

Mais la chapelle est expressément indiquée
dans des actes de 1392 et 1394.

2º Un testament fait à Vingrau le 16 mars 1392
contient le legs suivant : *lego operibus ecclesiarum sancti Genesii,* SANCTARUM PUSELLARUM *et*

de Beaufort en 1699. 1726 et 1743, firent faire la même
opération. Ces renseignements sont pris dans un *factum*
d'un format grand in-8º , imprimé à Perpignan chez
Antoine Reynier, imprimeur du clergé.

(1) C'est un devoir pour nous de déclarer que les documents qui nous sont venus des archives départementales
nous ont été communiqués par M. Alart.

Beate Marie et sancti Martini loci de Tauta-
volio, cuilibet ipsarum IIII. solidos (Archiv.
Départ. *Notule de Pierre Pastor, notaire,*
année 1392) (1).

3º Le testament d'Ermengarda, épouse de
Bérenger Capella de Tautahull, fait le 14 avril 1394,
contient également des legs *operibus ecclesiarum*
S. Genesii, SANCTARUM PUSELLARUM *et Bᵉ Marie*
et Sancti Martini de Tautavolio (ibid). Il en est
de même dans le testament de Guillema, veuve de
G. Marti, de Vingrau, fait le 25 avril 1394 : *lego*
operi ecclesie SANCTARUM PUSELLARUM, *loci de*
Tautavolio unum solidum (Manuel de PIERRE
PASTOR, notaire).

4º D'autres testaments des années 1413, 1414,
1457 et 1559 renferment la même clause. Seulement le nom des SS. Puelles y reçoit certaines
transformations. Nous y trouvons tantôt le mot
Puella et tantôt le mot *Piusella*.

5º Enfin deux décrets de visite des archevêques
de Narbonne dressés, le premier, en 1404, par

(1) Les textes latins de tous ces extraits de testaments
peuvent se traduire de cette manière : *Je lègue aux*
œuvres des églises de Saint-Genès, des Saintes-Puelles,
de Sainte-Marie et de Saint-Martin de Tautavel la
somme de..... Outre l'église paroissiale de Saint-Genès et
la chapelle de Sainte-Marie-du-Château, il existait encore
à Tautavel un oratoire de Saint-Martin au sommet d'une
masse calcaire appelée encore : *Rocha de Sant Marti.*

ordre de Mgr François I de Conzié, le second, en
1608, par Mgr Louis II de Vervins lui-même,
parlent de la chapelle des SS. Puelles, qui, dans
ces circonstances, avait été examinée.

A partir du XVIIe siècle jusqu'à nos jours, les
livres de la paroisse établissent non-seulement
l'existence de la chapelle, mais ils nous donnent,
d'année en année, ie chiffre des sommes recueillies pour son entretien.

Il faut dire en terminant que l'antique chapelle
n'existe plus. Elle a été démolie; mais elle est
reconstruite aujourd'hui sur de plus grandes proportions et avec plus de magnificence. Puisse le
nouveau sanctuaire perpétuer dans le peuple de
Tautavel la dévotion aux Vierges qu'il considère
comme ses patronnes!

§. III. PREUVES ARCHÉOLOGIQUES. — L'antique
oratoire des SS. Puelles n'existant plus, nous ne
pouvons signaler ici que l'image même des Saintes. Le groupe en bois qui les représente n'a point
de valeur au point de vue de l'art, mais il se
recommande par son antiquité. Les deux saintes
présentent étendu devant elles le manteau de saint
Saturnin et elles portent encore, l'une, un livre,
l'autre, une urne dans laquelle furent recueillis le
cerveau et le sang du martyr.

Pour le diocèse d'Urgell nous n'avons d'autres
preuves à fournir que la note extraite de la *Pro-*

curacio réal, què M. Alart a eu la bonté de nous communiquer et que nous avons déjà citée : *Et recondiderunt ibi reliquias sancti Saturnini martiris et sanctorum Gervasii et Protasii et Sanctorum Nazarii et Celsi martir et* SANCTA-RUM PUELLARUM *et sancti Ciriaci.* (Archives départementales, *Procuracio real,* registre XXVII, f° 119 v°).

« Et ils déposèrent là des reliques de saint
« Saturnin martyr, et des saints Gervais et Protais
« et des saints Nazaire et Celse martyrs et des
« SAINTES PUELLES et de saint Ciriaque. »

Par qui maintenant les reliques des SS. Puelles ont-elles été portées à *Caborriu,* près Bellver? Sans doute l'on a voulu que, dans une église dédiée à saint Saturnin, l'on trouvât la trace des Saintes Vierges qui avaient enseveli le martyr. Mais il serait curieux d'apprendre d'où elles avaient été tirées. Qui sait si Udalgar, évêque d'Elne, de qui dépendait le monastère d'Aspira, ne les avait pas reçues de Tautavel même? L'on sait qu'à cette époque cette dernière paroisse était sous l'autorité de ce monastère. Toutefois il faut convenir que nous n'avons aucune certitude.

Ici s'arrêtent toutes nos recherches sur le culte des SS. Puelles. Elles sont loin sans doute d'être complètes et nous recevrions, avec une véritable reconnaissance, toute communication qui nous serait faite sur ce sujet. Nous nous estimerions très-heureux d'être redressé, si quelque erreur s'était glissée à notre insu dans les pages de cet opuscule. En terminant, nous sentons le besoin de soumettre encore une fois ce travail au jugement de Monseigneur l'Evêque de Perpignan, notre premier juge, et nous déclarons que notre ferme désir est de ne jamais nous écarter des doctrines fortes et pures qu'il a arborées en venant au milieu de nous.

FIN.

APPENDICE.

MESSE DES S S. PUELLES
Tirée du Missel publié en 1774
par
Mgr DANIEL BERTRAND DE LANGLE
Evêque de Saint-Papoul.

DIE XVII OCTOBRIS.

IN FESTO S S. PUELLARUM, VIRGINUM ET MARTYRUM.

INTROITUS.

II. Reg. 2. — Fecistis misericordiam hanc cum Domino vestro et sepelistis eum; retribuet vobis Dominus misericordiam et veritatem eo quod fecistis verbum istud.

PSALM. Quam bonus, Israel, Deus, his qui recto sunt corde! Gloria. — Fecistis.

ORATIO.

Deus, qui Sanctas Puellas in sepeliendo corpore beati Saturnini mirâ virtute roborasti, quique illis, pro fide tuâ, gentilium probra et verbera contemnere tribuisti; fac nos, earum intercessione, in exercendis misericordiæ operibus fortes et in despiciendis mundi blanditiis et terroribus constantes. Per Dominum.....

LECTIO EPISTOLÆ BEATI PAULI APOSTOLI AD PHILIPPENSES (Cap. I, v. 27-30).

Fratres: Digne Evangelio Christi conversamini.....

GRADUALE: Benedictio Domini super vos: benediximus vobis in nomine Domini (PSALM. 128).

𝓡 Faciat vobiscum Dominus misericordiam sicut fecistis cum mortuis (RUTH. c. I, v. 8).

Alleluia. Alleluia. 𝓡. Quæ sponte obtulistis animas vestras ad periculum, benedicite Domino. Alleluia.

SEQUENTIA SANCTI EVANGELII SECUNDUM LUCAM (c. XXI. v. 9-19).

† In illo tempore: Dixit Jesus discipulis suis: Cum audieritis prœlia....

OFFERTORIUM.

Non injustus Deus ut obliviscatur operis vestri et dilectionis quam ostendistis, in nomine ipsius, qui ministrastis sanctis et ministratis. (Heb. c. VI, v. 10).

SECRETA.

Ad sanctarum tuarum Festa, Domine, cum muneribus nomini tuo dicatis occurrimus, ut illis reverentiam deferentes, nobis veniam impetremus. Per Dom.

PRÆFATIO DE SANCTIS.

COMMUNIO: Gratia vobis et pax, quia viscera sanctorum requieverunt per vos. (Philem. v. 3-7).

POST-COMMUNIO.

Tuarum nos, Domine, precibus tuere sanctarum, ut earum festa venerantes, et potenti muniamur auxilio et magnifico proficiamus exemplo: Per Dom.

LÉGENDES DES S S. PUELLES.

I.

Officia Sanctorum propria insignis ecclesiæ abbatialis Sancti Saturnini martyris Tolosanæ civitatis
Protopræsulis et Patroni.

DIE XVII OCTOBRIS.

« Cum sanctissimus Saturninus primus Tolosæ præsul
« et martyr, tauro alligatus per Capitolii gradus præceps
« fieret, et pauci illius temporis christiani propter furo-
« rem gentilium corpus sancti præsulis humare metuerent:
« Duæ mulieres sexus imbecillitatem vincentes, fidei
« robore confirmatæ, viris omnibus fortiores, sanguinem
« et cerebrum Sancti Saturnini anxie collegerunt, corpus-
« que exanime ligneo feretro immissum quam maxime
« profundo loco condiderunt, ut venerandas sanctas reli-
« quias, non tam sepelire quam abscondere viderentur, ne
« forte sacrilegi furoris homines, si aliquid honoris corpori
« tumulato viderent adhiberi, statim in frusta dispergerent
« vel eriperent. Quo facto fugientes persecutionem mu-
« lieres, vel ut fertur, ob fidei confessionem exules factæ,
« adeunt ad oppidum quod olim *Recaudum*, jamque
« sortito nomine dicitur *mansus Sanctarum Puellarum*.
« Ibique in summâ sanctitate reliquam vitæ tempus
« degentes, cœlestem patriam adeptæ sunt. Quarum
« corpora in campestri loco a fidelibus sepulta, multisque
« miraculis manifesta, in honore habita sunt; magnâque
« populorum devotione e tumulo elevata, multis, retro

« seculis, pio fidelium concursu magnam habuere venera-
« tionem; donec ab hæreticis qui locum illum occupa-
« verunt vel combusta vel cineres sacri dispersi sunt. »

II.

ACTA SS. PUELLARUM.

Ex Breviario Sampapulensi.

« Cum Sanctus Saturninus, primus Tolosatum præsul
« et martyr, tauro alligatus per Capitolii Tolosani gradus
« præceps fieret, vix ullus christianorum, qui, hisce tem-
« poribus paucissimi erant, inveniebatur, qui sancti viri
« corpus auderet sepelire. Duæ tantum puellæ, sexus
« imbecillitatem fidei virtute vincentes, viris omnibus
« fortiores, sui sacerdotis exemplo animatæ, huic tam pio
« officio non defuerunt; et cui viventi tanquam fidei
« magistro, adhæserunt, mortuum quin prius sepeliretur,
« non deseruerunt. Hæ igitur Puellæ, christianæ reli-
« gionis zelo incensæ, palam et in oculis impiæ plebis
« cerebrum et sanguinem Sancti præsulis anxie collegerunt;
« corpus etiam exanime, ligneo feretro immissum, quam
« maxime profundo loco condiderunt, ut venerandas sanc-
« tasque reliquias non tam sepelire quam abscondere
« viderentur : ne, forte sacrilegæ mentis homines,
« si aliquid conditi corporis tumulo viderent honoris
« adhiberi, statim sacrum corpus in frusta discerperent et
« eriperent. Quo facto gentiles commoti Sanctas Virgines
« comprehendunt, carceri mancipant, ludibrio habent,
« flagellis dirissime cruentant, et varia tormentorum
« genera pro christianâ fide non semel expertas ab urbe
« ejiciunt. Inde fugientes persecutionem impietatis ad

« oppidum quod tunc temporis Recaudum, hodie ex
« earum nomine sortito vocabulo, dicitur Mansus Sancta-
« rum Puellarum, Tolosa devenerunt ; qui locus aliquot
« abhinc seculis factus est illustrior natalibus Sancti Petri
« Nolasci, ordinis Beatæ Mariæ de Mercede redemptionis
« captivorum fundatoris. Ibi sponsæ Christi, pro ejus
« amore exules factæ, et in summa sanctitate reliquum
« vitæ tempus peragentes, obdormiverunt in Domino,
« atque in loco campestri prope dictum oppidum, in ædi-
« culâ, Archangelo Michaëli dicatâ, sepultæ sunt. Quarum
« corpora, post aliquot annos inventa, in honore habita
« sunt, donec a Calvinianæ hæreseos asseclis, qui locum
« illum occuparunt, vel combusta vel dispersa sunt.
« Earum autem memoria celebratur decimo sexto, kalen-
« das novembris. »

III.

Ex Actis passionis Sancti Saturnini, episcopi Tolosani

(Apud Ruinart).

« Exanime corpus *(S. Saturnini)* neque obnoxium jam
« ullius injuriæ, usque ad eum locum, tauro furente,
« perductum est, ubi fune disruptâ, tumulariam eo tem-
« pore meruit sepulturam. Nam paucis id temporis chris-
« tianis, ipsisque propter furorem gentilium, Sancti viri
« corpus humare metuentibus, DUÆ tantum MULIERCULÆ,
« sexus infirmitatem fidei virtute vincentes, et viris omni-
« bus fortiores, et sui sacerdotis exemplo, credo, ad
« tolerantiam passionis animatæ, beati viri corpus ligneo
« feretro immissum, quam maxime in primo loco, coactis
« apte scrobibus, condiderunt: ut venerandas sibi sanctas
« reliquias, non tam sepelire quam abscondere viderentur;

« ne forte sacrilegæ mentis homines, si aliquid conditi
« corporis tumulo viderent honoris adhiberi, effossum
« statim corpus in frusta discerperent et eriperent etiam
« ipsam tenuem sepulturam. Mansit aliquamdiu sub vili
« cespite, omnibus quidem inhonoratum, sed honoratum
« a Deo martyris corpus. »

IV.

MANUSCRIT RICCARDI DE FLORENCE.

« Examine corpus neq..... noxium jam injuriæ usque
« ad eum locum..... furente perductum est ubi fune
« disrupta, tumulariam, eo tempore, meruit habere sepul-
« turam. Nam..... temporis, christianis ipsis propter
« furorem gentilium corpus humare metuentibus, DUÆ
« tantum MULIERES, sexûs infirmitatem fidei virtute
« vincentes et viris omnibus fortiores et sacerdotis
« exemplo ad tolerantiam passionis animatæ, benedicti
« viri corpus, ligneo immersum feretro, quam maxime
« in profundo loco cum sarcofago condiderunt ubi vene-
« randas sancti viri reliquias non tam sepelire quam
« abscondere viderentur. Dominus autem suscepit marty-
« rem suum in pace, cui est honor et gloria, virtus et
« potestas in secula seculorum. Amen. »

V.

La sixième leçon de l'office des S S. Puelles reproduit
dans cet Appendice fournira au lecteur des traits qui ne
sont contenus dans aucune des Légendes citées. — Enfin
le *Bréviaire* de Carcassonne ajoute au texte de D. Ruinart
les détails suivants :

« Celebris est in antiquis Ecclesiæ Tolosanæ Breviariis
« harum sanctarum mulierum memoria. Exstat in hâc
« diœcesi oppidum, earum vocabulo. Mansus sanctarum
« Puellarum dictum. Illó, fertur, ut in exilium pulsæ con-
« fugerunt, ibique reliquum vitæ tempus transegerunt.
« Earum reliquiæ in ædicula Michaëli Archangelo dicata,
« magno in honore habitæ sunt, donec grassante in Galliis
« hæresi calviniana, ab hæreticis qui locum illum occupa-
« verant fuere combustæ vel dispersæ. »

OFFICE PROPRE DES SS. PUELLES

DOMINICA

Quæ proxime sequitur diem 17 Octobris.

IN FESTO
SS. PUELLARUM

Quæ Corpus S. Saturnini, Protopræsulis Tolosani et Martyris, sepulturæ mandarunt.

ANNUALE

AD I. VESPERAS.

Psalmi de Sabbato.

Ant. 3. a. Vir, potens in verbis et in operibus suis fuit cum patribus nostris, et accepit verba vitæ dare nobis. *Act.* 7.

Ant. 1. f. Erat ibi mulier quæ dixit : Animadverto quod vir Dei sanctus est iste ; et venit ad virum Dei. 4. *Reg.* 4

Ant. 2. D. Adoravit prona in terram, et aït : Ecce famula tua fit in ancillam ; et surrexit, et puellæ ierunt cum ea. 1. *Reg.* 25.

Ant. 4. E. Dixerunt ad eum : in conspectu tuo adsumus , audire omnia quæcumque præcepta sunt tibi a Domino. *Act.* 10.

Ant. 5. a. Prædicabat illis Christum : intendebant autem his quæ ab eo dicebantur, unanimiter audientes. *Act.* 8.

CAPITULUM. *Ephes.* 6.

Confortamini in Domino, et in potentia virtutis ejus : induite vos armaturam Dei, ut possitis stare adversus insidias diaboli.

℟. Nolite jugum ducere

cum infidelibus : ' Separamini, dicit Dominus, et immundum ne tetigeritis; et ego recipiam vos, et † Ero vobis in patrem, et vos eritis mihi in filias. ℣. Audite, mulieres, verbum Domini, et assumant aures vestræ sermonem oris ejus : ' Separamini. Gloria Patri. † Ero vobis. *Repet.* ℞. Nolite. *usque ad* ℣. 2. *Cor.* 6. *Jer.* 9.

HYMNUS.

QUÆ nos perpetuo præsidio juvant
Insignes valido pectore feminas,
Athletasque Dei non superabiles
Festo carmine pangimus.
CUM Christum resonans, vox sacra Numinis,
Saturninus adest, sponte sequi ducem
Festinant alacres, et fidei novæ
Gaudent subdere se jugo.
HAUSTAS fonte sacro frangere nil potest
Vires; dant animos ipsa pericula :
Ut natæ dociles, quam pater indicat,
Pergunt intrepidæ viam.
DIVOS impia plebs sacrilegos colat,

Vanis aut precibus suppliciter vocet :
Plebis flent miseræ stultitiam, deos
Detestantur inutiles.
QUOS Christo peperit Gentis Apostolus,
Firmant magnanima discipulos fide,
Exemplis stimulant, et monitis fovent,
Sexus grande decus sui.
SIT laus summa Patri, summaque Filio;
Non impar tibi sit gloria, Spiritus,
Cujus præsidio fortia vincere
Sexus debilior valet.
Amen.
℣. Domine, ut scuto voluntatis tuæ, ℞. Coronasti nos. *Psal.* 5.
Ad Magnificat.

Ant. 8. G. *duplicanda.* Spiritus adjuvat infirmitatem nostram : si Deus pro nobis, quis contra nos? *Rom.* 8.
Oratio, ut infra ad Laudes.

Fit tantum commem. Dominicæ sequentis, nisi hoc Festum concurrat cum Die Octava Dedicationis Ecclesiarum Diœcesis; tunc enim sit primum commem. Diei Octavæ, et deinde Dominicæ : sic et cras ad

Laudes et ij. Vesperas.
AD COMPLETORIUM.
Psalmi et Capitulum de Feria : cetera ut infra post ij Vesperas.

AD OFFICIUM

NOCTURNUM.

Invitat. Deum patientiæ et solatii, ˙ Venite, adoremus. *Rom.* 15.
Psalm. 94. Venite.

HYMNUS.

AUDACES animos sumere
  nunc juvat;
Vos majora vocant prælia,
  feminæ;
Indignata fremit Tectosa-
  gum cohors,
Nec sperni patitur deos.
HEU! quæ barbaries! quis
  furor! En patrem
Execranda rapit turba sa-
  tellitum;
Et tauro indomito funi-
  bus alligans,
Horrenda ne ce conficit.
TAURI ludibrium, saxa per
  aspera
Pastor dum trahitur, grex
  timidus fugit;
At vobis lacero corpore
  Pontifex
Vires insinuat novas.
HINC ô femineis quanta
  animis fides!

Spes ô quanta viget,
  quantaque caritas!
Hinc Christo proprium
  fundere sanguinem
O quam fortiter ambiunt!
NON jam terribiles carnifi-
  cum minas,
Non iras metuunt; ver-
  bera, carceres
Ipsis deliciæ : Martyris
  inclyti
Sic se discipulas probant.
SIT laus summa Patri,
  summaque Filio;
Non impar tibi sit gloria,
  Spiritus,
Cujus præsidio fortia
  vincere
Sexus debilior valet.
  Amen. .

IN I. NOCTURNO.

Ps. 22. Exultate, justi, *cum sua divisione. Fer.* 5. *im. j. Noct.* 100.
Ant. 1. g. Fecerunt secundum quod constituerat eis Sacerdos Domini, et humiliaverunt animas suas. *Judith.* 4.
Ps. 43. Deus, auribus nostris. *cum suis division-nib. Fer.* 6. *ad Prim.* 128.
Ant. 3. c. Descrentes ceremonias patrum suorum, quæ in multitudine deorum erant, unum Deum cœli coluerunt. *Judith.* 5.

Ps. 45. Deus noster, refugium et virtus. *Sabb. ad Sext.* 153.

Ant. 5. a. Aquæ multæ non potuerunt extinguere caritatem, nec flumina obruent illam. *Cant.* 8.

℣. Deduxit Dominus in viam rectam ℟. Sedentes in tenebris et umbra mortis. *Psal.* 106.

De Epistola beati Pauli Apostoli ad Romanos.

Lectio I. *Cap.* 8.

Fratres : Debitores sumus non carni, ut secundum carnem vivamus. Si enim secundum carnem vixéritis, moriemini : si autem spiritu facta carnis mortificaveritis, vivetis. Quicumque enim Spiritu Dei aguntur, ii sunt filii Dei. Non enim accepistis spiritum servitutis iterum in timore ; sed accepistis spiritum adoptionis filiorum, in quo clamamus : Abba, Pater. Ipse enim Spiritus testimonium reddit spiritui nostro, quod sumus filii, Dei. Si autem filii, et hærèdes : hærédes quidem Dei, cohærédes autem Christi ; si tamen compatimur, ut et conglorificemur. Existimo enim quod non

sunt condignæ passiones hujus temporis ad futuram gloriam quæ revelabitur in nobis. Nam expectatio creaturæ revelationem filiorum Dei expectat.

℟. Fecit sibi mulier secretum cubiculum, in quo ˙ Cum puellis suis clausa morabatur ; et habens super lumbos suos cilicium, jejunabat omnibus diebus. ℣. Dominus aperuit cor ejus intendere his quæ dicebantur : cum autem baptizata esset et domus ejus, ˙ Cum puellis. Gloria Patri. ˙ Cum puellis. *Judith* 8. *Act.* 16.

Lectio II.

Scio autem quoniam diligentibus Deum omnia cooperantur in bonum, iis qui secundum propositum vocari sunt sancti. Nam quos præscivit, et prædestinavit, conformes fieri imaginis Filii sui, ut sit ipse primogenitus in multis fratribus. Quos autem prædestinavit, hos et vocavit ; et quos vocavit, hos et justificavit ; quos autem justificavit, illos et glorificavit. Quid ergo dicemus ad hæc? Si Deus pro nobis, quis contra nos? Qui etiam proprio Filio suo non pepercit, sed pro nobis omnibus tradidit illum : quo modo non etiam cum illo omnia nobis donavit? Quis accusabit adversus electos Dei? Deus qui justificat, qui est qui condemnet? Christus Jesus, qui mortuus est, imo qui et ressurexit, qui est ad dexteram Dei, qui etiam interpellat pro nobis.

℟. In diebus illis viri iniqui convaluerunt in civitate, effuderunt sanguinem innocentem, ˙ Et † Effugaverunt populum Israël in absconditis fugitivorum locis. ℣. Quem misit Deus, huic noluerunt obedire patres nostri ; sed repulerunt, et occiderunt, ˙ Effugaverunt. Gloria Patri. † Effugaverunt. 1. Mach. 1. Act. 7.

LECTIO III.

Quis ergo nos separabit a caritate Christi? Tribulatio, an angustia, an fames, an nuditas, an periculum, an persecutio, an gladius? Sicut scriptum est : Quia propter te mortificamur tota die, æstimati sumus sicut oves occisionis. Sed in his omnibus superamus propter hunc qui dilexit nos. Certus sum enim quia neque mors,

neque vita, neque angeli, neque principatus, neque virtutes, neque instantia, neque futura, neque fortitudo, neque altitudo, neque profundum, neque creatura alia poterit nos separare a caritate Dei, quæ est in Christo Jesu Domino nostro.

℟. Cum audissent, levaverunt vocem ad Deum, et dixerunt : ˙ Domine, convenerunt Gentes in civitate ista adversus Sanctum tuum ; et nunc † Respice in minas eorum. ℣. Accinctæ mulieres ciliciis pectus, protendentes manus in cœlum deprecabantur : ˙ Domine. Gloria Patri. † Respice. Repet. ℟. Cum audissent: usque ad ℣. Act. 4. 2. Mach. 3.

IN II. NOCTURNO.

Ps. 59. Deus, repulisti nos. Sabb. ad Non. 155.

Ant. 2. D. Ecce viri transeuntes viderunt cadaver viri Dei projectum in via ; et venerunt, et divulgaverunt. 3. Reg. 13.

Ps. Ut quid, Deus cum sua divis. Sabb. ad Non. 156.

Ant. 4. E. Ingressæ sunt puellæ, nuntiaveruntque dominæ suæ ; quod audiens,

consternata est. *Esth. 4.*
Ps. 78. Deus venerunt Gentes. *Fer. 3. ad Complet.* 78.

Ant. 6. F. Confugit ad Dominum, dicens : Domine inimici nostri volunt claudere ora laudantium te ; libera nos de manu iniquorum. *Esth.* 14.

℣. Posuerunt carnes Sanctorum tuorum bestiis terræ ; ℟. Et non erat qui sepeliret. *Psal.* 78.

Ex Actis, passionis sancti Saturnini Episcopi Tolosani.

Apud Ruinart.

LECTIO IV.

Examine sancti Saturnini corpus usque ad eum locum tauro furente perductum est, ubi, fune disrupto, tumultuariam eo tempore meruit sepulturam. Nam paucis id temporis Christianis, ipsisque propter furorem Gentilium, sancti viri corpus humare metuentibus, duæ tantum mulierculæ, sexus, infirmitatem fidei virtute vincentes, et viris omnibus fortiores, et sui Sacerdotis exemplo ad tolerantiam passionis animatæ beati viri corpus ligneo feretro immissum, quam maxime in proximo loco coactis apte scrobibus, condiderunt : ut venerandas sibi sanctas reliquias non, tam sepelire, quam abscondere viderentur; ne forte sacrilegæ mentis homines, si aliquid conditi corporis tumulo viderent honoris adhiberi, effossum statim corpus in frusta discerperent, et eriperent etiam ipsam tenuem sepulturam.

℟. Vocavit abram suam, et profecta est, orans cum lacrymis, et labiorum motu in silentio dicens : ˙ Confirma me, Domine; ut hoc quod credens per te posse fieri cogitavi , perficiam. ℣. Domine, permitte mihi ire , et sepelire patrem meum : ˙ Confima me. Gloria Patri. ˙ Confirma me. *Judith* 10. et 13. *Luc.* 9.

LECTIO V.

Ex vet. Breviar, et tradit. Tolos. Hist. gen. Occit ac nov. Brev. San-Papul.

Ob sibi submotum et occultatum beati Martyris corpus irati Gentiles, sanctas mulieres carceri mancipant, ludibrio habent, flagellis dirissime cruentant, et varia tormentorum genera non semel expertas ab urbe ejiciunt. Inde fugientes impietatis persecutionem, Christi discipulæ ad oppidum devenerunt quod tunc temporis Recaudum vocabatur; nunc autem, ex earum nomine sortito vocabulo, Mansus sanctarum Puellarum dicitur; qui locus ab hinc seculis factus est illustrior natalibus sancti Petri Nolasci, Ordinis Beatæ Mariæ de Mercede Redemptionis Captivorum Fundatoris. Ibi, pro Christi amore exules factæ, reliquum vitæ tempus in summa sanctitate transegerunt.

℟. Dixit : Eamus, et si appropiavit tempus nostrum, moriamur; et tulerunt, et sepelierunt eum; * Et fleverunt eum, et dixerunt : † Quomodo cecidit, qui salvum faciebat populum! ℣. Accedentes tulerunt corpus ejus, et sepelierunt illud; * Et fleverunt. Gloria Patri. † Quomodo. 1. *Mach.* p. *Matth.* 14.

LECTIO VI.

Post felicem sanctarum feminarum obitum, earum reliquiæ in loco campestri prope dictum Recaudum, in ædicula Archangelo Michaëli dicata conditæ sunt. Has autem post aliquot annos inventas, seculo decimo quinto Bernardus Rosergius Archiepiscopus Tolosanus, vir eximiæ sanctitatis, ac ex eodem oppido oriundus, in theca argentea reposuit. Ex eo præsertim tempore sacræ exuviæ in magno honore habitæ sunt, donec grassante in Galliis hæresi Calviniana, ab hæreticis, qui locum illum occupaverunt, combustæ sunt vel dispersæ. Celebris est harum sanctarum mulierum memoria in veteribus Tolosæ Breviariis; ipsisque jampridem sub sanctarum Puellarum nomine cultus exhibetur, tum in Tolosana diœcesi, præsertim in Ecclesia Abbatiali sancti Saturnini, tum in Diœcesi San-Papulensi, in qua earum Festum agitur decimo-sexto Calendas Novembris. At vero in Ecclesia ipsis dicata celebratur illarum festivitas Dominica dictum diem proxime sequenti, ex decreto Episcopi San-Papulensis, dato die duodecima Octobris, anni millesimi septingentesimi septuagesimi quinti.

℟. Infirma mundi elegit

Deus, ut confundat fortia; et ignobilia, et contemptibilia elegit Deus, ' Ut † Non glorietur omnis caro in conspectu ejus. ℣. Arcus fortium superatus est, et infirmi accincti sunt robore; ' Ut non glorietur. Gloria Patri. † Non glorietur. *Repet.* ℟. Infirma mundi. *usque ad* ℣. 2. *Cor.* 1. 1. *Reg.* 2.

IN III. NOCTURNO.

Ps. 39. Qui regis Israël. *cum sua divis. Fer.* 5. *ad Non.* 113.

Ant. 1. f. Vobis donatum est pro Christo, non solum ut in eum credatis, sed ut etiam pro illo patiamini. *Philip.* 2.

Ps. 81. Deus, quis similis tibi. *cum sua divis. Sabb. in iij. Noct.* 144.

Ant. 8. G. Nolite timere opprobrium hominum, et blasphemias eorum ne metuatis : ego, ego ipse consolabor vos, dicit Dominus. *Isa.* 51.

Ps. 96. Dominus regnavit, exultet. *Fer.* 3 *ad Laud.* 64.

Ant. 7. c. Flagellabunt vos propter nomen meum : cum autem persequentur

vos in civitate ista, fugite in aliam. *Matth.* 10.

℣. In nomine tuo, Domine, ℟. Spernemus insurgentes in nobis. *Psal.* 43.

Lectio sancti Evangelii secundum Lucam.

LECTIO VII. *Cap.* 21.

In illo tempore; Dixit Jesus discipulis suis : Cum audieritis prælia et seditiones, nolite timere; oportet primum hæc fieri, sed nondum statim finis. Et reliqua.

Homilia sancti Cypriani Episcopi et Martyris.

Lib. de Mortalitate.

Ad omnia te paratum facere timor Dei et fides debet Sit licet rei familiaris amissio; sit de infestantibus morbis assidua membrorum et cruenta vexatio; sit de uxore, de liberis, de excedentibus caris funebris et tristi avulsio : non sint tibi scandala ipsa, sed prælia; non debilitent aut frangant Christiani fidem, sed potius ostendant in colluctatione virtutem, cum comtemnenda sit omnis injuria malorum præsentium, fiducia futurorum bonorum. Nisi præcesserit pugna, non potest esse victoria : cum fuerit in pugnæ congressione victoria, tunc datur vicentibus et corona. Gubernator in tempestate dignoscitur, in acie miles probatur Delicata jactatio est, cum periculum non est ; conflictatio in adversis, probatio est veritatis.

℟. Qui missi erant a rege ut cogerent immolare, et a lege Dei discedere, dixerunt eis : Facite secundum verbum regis, et vivetis; et * Dixerunt : Non faciemus verbum regis; moriamur in simplicitate nostra. ℣. Sanctæ mulieres sperantes in Deo, et non pertimentes ullam perturbationem , * Dixerunt. Gloria Patri. Dixerunt. 1. *Mach.* 2. 1. *Petr.* 3.

Lectio VIII.

Quando vastitas aliqua grassatur, tunc virtus nostra perficitur ; tunc fides, si tentata perstiterit, coronatur, sicut scriptum est : Vasa figuli probat fornax, et homines justos tentatio tribulationis. Hoc denique inter nos et ceteros interest qui Deum nesciunt, quod illi in adversis queruntur et murmurant; nos adversa non avocant a virtute et

fidei veritate. Contra tot impetus mortis, inconcussis animi virtutibus congredi, quanta pectoris magnitudo est! Et quanta sublimitas stare erectum ; nec in eis quibus spes in Deum nulla est , jacere prostratum! Gratulari magis oportet, quod, dum nostram fidem firmiter promimus, et labore tolerato ad Christum per angustam Christi viam pergimus, præmium vitæ ejus et fidei ipso judicante capiamus.

℟. Jusserunt virgis cædi ; et cum multas plagas eis imposuissent, * Miserunt in carcerem, præcipientes custodi ut diligenter custodiret. ℣. Duæ mulieres delatæ sunt; quas cum publice per civitatem circumduxissent, * Miserunt. Gloria Patri. * Miserunt. *Act.* 16 2. *Mach.* 6.

Lectio IX, *de Evangelio et Homilia Dominicæ occurrentis.*

℟. Reliquerunt quæcumque habebant in civitate, et * Descenderunt in loca occulta ; ibique demorabantur, ne participes essent coïnquinationis. ℣. Miserunt Magistratus lictores, dicentes ut egrederentur de urbe; exeuntes autem de carcere , ˙ Descenderunt. Gloria Patri.˙ Descenderunt. *Repet.* ℟. Reliquerunt. *usque ad* ℣. 1. *Mach.* 2 et 2. 5. *Act.* 16.

Te Deum.

℣. *Sacerd.* Mirabilis Deus in Sanctis suis : ℟. Deus Israël ipse dabit virtutem. *Psal.* 67.

AD LAUDES.

Psalmi de Dominica.

Ant. 7. d. Quæ sponte obtulistis animas vestras ad periculum, benedicite Domino. *Judic.* 5.

Ant. 1. a. Nuntiata sunt nobis omnia quæ fecistis : reddat vobis Dominus pro opere vestro. *Ruth.* 2.

Ant. 3. a. Fecistis misericordiam hanc cum Domino vestro, et sepelistis cum. 2. *Reg.* 2.

Ant. 4 E. Faciat vobiscum.

CANTICUM. *Isa.* 51.

Justorum in persecutione laborantium defensor Deus, vindex ac remunerator.

Audite me , qui scitis

justum; ˙ populus meus, lex mea in corde eorum.

Nolite timere opprobrium hominum, ˙ et blasphemias eorum ne metuatis.

Sicut enim vestimentum, sit comedet eos vermis; ˙ et sicut lanam, sic devorabit eos tinea.

Salus autem mea in sempiternum erit, ˙ et justitia mea in generationes generationum.

Qui redempti sunt a Domino , revertentur , ˙ et venient in Sion laudantes.

Et lætitia sempiterna super capita eorum; ˙ gaudium et lætitiam obtinebunt.

Fugiet dolor et gemitus : ˙ ego, ego ipse consolabor vos.

Ant. Faciat vobiscum Dominus misericordiam , sicut fecistis cum mortuis. *Ruth.* 1.

Ant. 5. a. Gratia vobis et pax, quia viscera Sanctorum requieverunt per vos. *Philem.*

CAPITULUM. *Coloss.* 1.

Gratias agimus Deo, et Patri Domini nostri Jesu Christi, audientes fidem vestram in Christo Jesu, et dilectionem quam habetis in Sanctos omnes.

HYMNUS.

ADESTE vos, o Cœlites,
Adeste mortales simul :
En grande vobis feminæ
Præbet fides spectacu-
lum.
QUAM fert Saturninus fidem,
Gens obstinata respuit ;
Verique præconem Dei ;
Dis immolat mendacibus.
DUM grex timore percitus,
Pastore percusso, fugit ;
Sacrum cadaver impiæ
Gentis jacet ludibrium.
SEXU suo jam fortior,
Invicta surgit femina :
Non hæc profano proteri
Sinet Saturninum pede,
HERÆ fidelis æmula,
Ancilla cœpto dat manus :
Audacter ambæ Martyris
Dispersa membra colli-
gunt.
NIL plebis insanæ furor,
Pericla nil mentem mo-
vent ;
Nec caritatis impetum
Mors ipsa tardat immi-
nens.
EREPTA sævientibus
Lupis verenda pignora,
Seclis colenda posteris,
Humo sub effossa tegunt.
QUI debilem sexum, Deus,
Virtute roboras tua ,
Tibi per omne seculum
Sit summa laus, sum-
mum decus, Amen.

℣. Deus adjutor noster
in tribulationibus ; ℟. Prop-
terea non timebimus. *Psal.*
45.

Ad Benedictus.
Ant. J. duplicanda. Gratias agere debemus semper
Deo, pro patientia vestra
et fide, in omnibus perse-
cutionibus vestris et tribulationibus quas sustinetis.
2. *Thess.* 1.

ORATIO.

Deus, qui sanctas Puellas
in sepeliendo corpore beati
Saturnini mira virtute roborasti, quique illis pro fide
tua Gentilium probra et verbera contemnere tribuisti ;
fac nos earum intercessione
in exercendis misericordiæ
operibus fortes, et in despiciendis mundi blanditiis
et terroribus constantes ;
Per Dominum.
*Fit commem. Dominicæ
occurrentis.*

AD HORAS.

Doxologia.

QUO roborantur debiles ,
Jesu, tibi sit gloria,
Cum Patre , cumque
Spiritu,

In sempiterna secula.
Amen.
Psalmi de Dominica.

AD PRIMAM.

Ant. 7. d. Quæ sponte.
Non dicitur Symbolum,
Quicumque.
In ℟. *br.* ℣. Per quam
infirmi ˙ accincti sunt robore. 1. *Reg.* 2.
CANON *qui habetur ad
calcem Breviarii pro præcipua Solemnitate SS. Patronorum.*

AD TERTIAM.

Ant. 1. a. Nuntiata sunt.

CAPITULUM. *Hebr.* 6.

Non injustus Deus, ut
obliviscatur operis vestri, et
dilectionis quam ostendistis
in nomine ipsius, qui ministrastis Sanctis, et ministratis.
℟. *br.* Retribuet Dominus secundum justitiam, ˙
Alleluia, alleluia. Retribuet. ℣. Et secundum puritatem manuum, ˙ Alleluia. Gloria Patri. Retribuet. *Psal.* 17.
℣. Benedictio Domini
super vos. ℟. Benediximus
vobis in nomine Domini.
Psal. 128.

AD SEXTAM.

Ant. 3. a. Fecistis.

CAPITULUM. *Eccli.* 38.

In mortuum produc lacrymas, et quasi dira passus
incipe plorare, et secundum
judicium contege corpus
illius, et non despicias
sepulturam illius.
℟. *br.* Innotescat in nationibus coram oculis nostris, ˙ Alleluia, alleluia
Innotescat. ℣. Ultio sanguinis servorum tuorum qui
effusus est, ˙ Alleluia,
Gloria Patri. Innotescat.
Psal. 78.
℣. Posuerunt carnes Sanctorum tuorum escas volatilibus cœli. ℟. Effuderunt
sanguinem eorum tanquam
aquam. *Ibid.*

AD NONAM.

Ant. 5. a. Gratia.

CAPITULUM. *Hebr.* 13.

Benificentiæ et communionis nolite oblivisci; talibus enim hostiis, promeretur Deus.
℟. *br.* Hæc est generatio quærentium Dominum.
˙ Alleluia, alleluia. Hæc
est. ℣. Quærentium faciem
Dei Jacob, ˙ Alleluia.

6

Gloria Patri. Hæc est *Psal.* 23.

℣. Quam bonus Israël Deus ℟. His qui recto sunt corde! *Psal.* 72.

AD II VESPERAS.

Ps. 109. Dixit Dominus. *Dominica ad Vesp.* 28.

Ant. 4. E. Consolamini, consolamini, dicit Deus vester : ecce merces ejus cum eo, et opus illius coram illo. *Isa.* 40.

Ps. 115. Credidi. *Fer.* 5 *ad Vesp.* 114.

Ant. 1. D Fecistis omnia quæ præcepit vobis famulus Domini : igitur dedit Dominus Deus vester quietem et pacem. *Josue* 22.

Ps. 123. Nisi quia. *Fer.* 2. *ad Vesp.* 54.

Ant. 7. c. Mors ultra non erit, neque luctus, neque clamor, neque dolor erit ultra, quia prima abierunt. *Apoc.* 21.

Ps. 124. Qui confidunt. *Fer.* 4. *ad Vesp.* 96.

Ant. 6. F. Non erunt in memoria priora, et non ascendent super cor; sed gaudebetis et exultabitis usque in sempiternum. *Isa.* 65.

Ps. 125. In convertendo. *Fer.* 2. *ad Vesp.* 55.

Ant. 5. C. Exultabitis lætitia inenarrabili et glorificata, reportantes finem fidei vertræ, salutem animarum 1. *Petr.* 1.

CAPITULUM. 1. *Petr.* 4.

Carissimi, communicantes Christi passionibus, gaudete; ut et in revelatione gloriæ ejus gaudeatis exultantes.

Alleluia, alleluia. ℣. Post tempestatem tranquillum facis, Domine; et post lacrymationem et fletum, exultationem infundis. Alleluia. *Tob.* 3.

HYMNUS.

NUNC, o Beatæ, supplicum
  Piis favete cantibus ;
  Plebisque vobis deditæ
  Offerte vota Numini.
SEU nos clientes dicere,
  Seu, quod sumus, servos placet ;
  Sit in clientes caritas,
  Servi patronas sentiant.
HOSTES videtis quot premunt ;
  Certantibus succurrite ;
  Et queis gementes cingimur,
  Arcete nos periculis
QUÆ grande vobis addidit
  Nomen, tenemus hanc fidem :

Orate, quod vox prædicat,
Hoc exprimamus moribus.
PROCUL tepor, procul pigrum
Cordis fatiscentis gelu :
Quæ vos adussit caritas,
Hac corda nostra ferveant.
QUÆ respuistis, sit pudor
Ambire mundi gaudia :
Æterna quando nos ma-
nent,
Quid quærimus mortalia?
QUI debilem sexum, Deus,
Virtute roboras tua,
Tibi per omne seculum
Sit summa laus , sum-
mum decus. Amen.
ÿ. Misericordiam et veri-
tatem diligit Deus : ℟. Gra-
tiam et gloriam dabit Do-
minus, *Psal.* 83.
Ad Magnificat.
Ant. 8. *G. duplicanda.*
Sepelistis Dominum ves-
trum; retribuet vobis Do-
minus misericordiam et
veritatem, eo quod fecistis
verbum istud. 2. *Reg.* 2.
*Oratio ut supra ad Lau-
des.*
*Fit commem. Dominicæ
occurrentis.*

AD COMPLETORIUM.

*Psalmi et Capitulum de
Dominica.*
Ant. 5 a. Accipite ar-
maturam Dei, ut possitis
resistere in die malo. *E.
phes.* 6.

In fine Hymni, Doxol.
Quo roborantur debiles. *ut
supra ad Horas.*
Ad. Nunc dimittis.
Ant. 2. D. Ecce habe-
bitis tribulationem : id
quod habetis, tenete, donec
veniam. *Apoc.* 2.

DIEBUS
INTRA OCTAVAM.
Semiduplex.

*Omnia, dempto ritu so-
lemni, ut in die Festi, ex-
ceptis quæ sequuntur.*
*Psalmi de Feria in toto
Officio.*
*Lectio j. de Scriptura
occurente, tribus in unum
junctis.*
*Lectio ij. et iij. ut infra
in qualibet die.*

AD LAUDES.

Canticum ut in Die.
Ant. sola. 4. *E.* Faciat
vobiscum, *quæ est quarta
de Laudibus Festi.*

AD HORAS.

*Doxol. ut in Die. Addi-
tur bis* Alleluia. ℟℟℟.
*brevibus Tertiæ, Sexta et
Nonæ, etiam cum Officium
non fit de Octava.*

AD VESPERAS.

Ant. sola. 4. *E.* Consolamini. *quæ est prima de
ij. Vesperis Festi.*

GOIGS

DE LAS SANTAS PUELLAS.

Vasos sòu plens dé odor
Rosas puras y hermósas
Alcansau nos molts favors
De Deu Santas gloriosas.

Los gentils de vostra terra
De tota forsa expelli,
Fentlosy sempre la guerra
Lo prelat sant Saturni,
Ensenyant ab gran fervor
Vostras ánimas zelósas.

Quant mès lo vostre prelat
Ensenyá la lley divina
En breu temps ha desvellat
De vostre esperit la doctrína
Que lo mòn treya ab furor
De las nits mès tenebrósas.

Jésu-Crist fou lo espos
Que vosaltras elegireu
No donant vos may repos
Sa doctrína ne seguireu
Per triunfar dels honors,
De las préndas enganyósas

Molt fou lo cuydado vostre
En guardant en vostra casa
Lo que Cristo Senyor nostre
Dotá de tant bella espasa
Per atterrar ab gran rigor
Las estátuas venenósas.

Per un toro es rossegat
Lo sant prelat de Tolosa,
Y en eix combat entregat,
La su'ánim'es gososa
De véurer lo resplendor
De sas virtuts mervellosas.

Tot eix zel ne fou motiu
Per monstrarvos cristiánas;
Son cervell y sanch culliu
Per no ser en mans profánas;
Admirau los rics primors
De dos Verges valerósas!

Ja nous miran com donzellas
Los tyrans d'eixa ciutat
Y contr'eixas dos ovellas
Molts tormens han inventat;
Creyent eixos grans treydors
Serán ellas temerosas.

Després de ser tormentadas
Ab assots sens pietat
Fóren de Tolosa exiladas
Per major impietat.
Mes doná molts secors
Jesu-Crist à sas esposas.

De Recaudo las campanyas
Ne fóren vostres regnes,
Y en eixas terras estranyas
Vinguereu com orfelinas,
Arregant de un riu de flors
Las plantas infructuosas.

En virtuts crexéreu tant
Que del mòn ne trionfareu
Vostres esperits inclinant
A l'Espos vos presentareu
Portant coronas de flors
Com reynas victoriosas.

En una pobra capella
Vostros cossos enterrats
Trobant un prelat en ella
Maná que fossen honrats
Y guardats en gran fervor
Com dos préndas preciosas.

Molts venen assi devots
Ab zel y devocio
Per accumplir alguns vots
Segons llur intencio
Puix per fevras y dolors
Vos monstrau tant piadosas.

TORNADA.

Per donar nos molts temors
De las penas rigorosas
Alcansau nos molts favors
De Deu Santas gloriosas.

TABLE DES MATIÈRES.

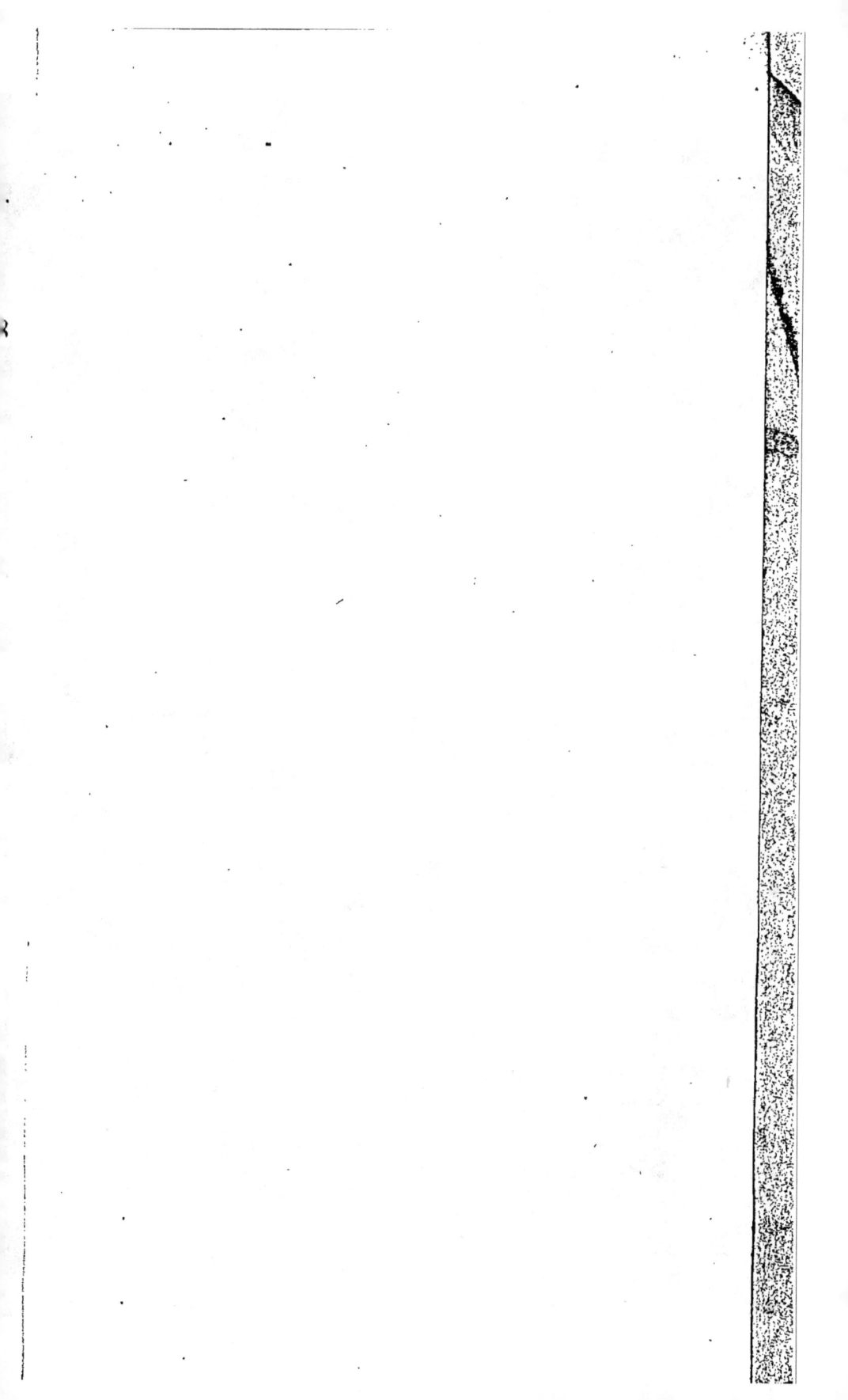

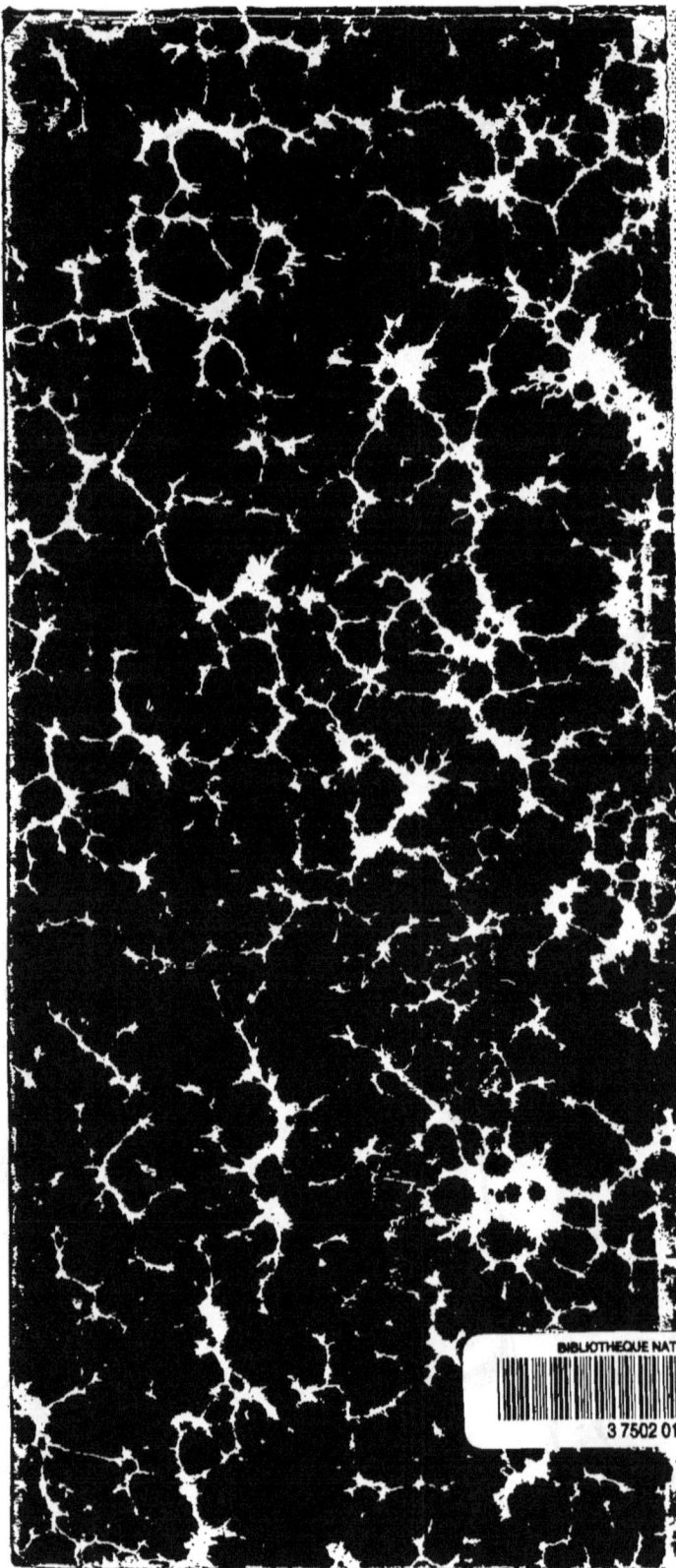

www.ingramcontent.com/pod-product-compliance
Lightning Source LLC
Chambersburg PA
CBHW071956090426
42740CB00011B/1970